MATJES, HERINGE & Co.

Rezepte – Schnurren – Anekdoten

Matjes, Heringe & Co.

Rezepte – Schnurren – Anekdoten

von Norbert Frank

BuchVerlag
für die Frau

ISBN   3-932720-44-X

© Buchverlag für die Frau GmbH,
Leipzig 1998
Fotos: Uwe Hämsch (Titel),
Ketchum Public Relations (Dt. Teigwareninstitut S.49, 83, 87, 89;
Kikkoman S. 79, 91, 93; Thomy S. 21, 85; ADAM S. 17,33)
G. Fiedler PR (Surig Essig-Essenz S. 29, 37, 65)
Thomas Diercks (S. 41, 53, 77)
Deutsche See Großverbraucher-Service (S. 9,13,71)
Fotostudio Teubner (S. 25, 57)
The Food Professionals (Suzi-Wan S. 61)
Heide Schwarzweller Segmenta PR (S. 45)
Einbandgestaltung, Layout und Satz: Lore Jacobi
Reproduktion: Repro Schneider, Leipzig
Druck und Bindearbeiten: Salzland Druck GmbH & Co. KG
Printed in Germany

Inhaltsverzeichnis

Zu diesem Buch

Hygiene und Sauberkeit sollten bei der Zubereitung aller Speisen selbstverständlich sein. Deshalb wurde bei den Rezepten dieses Buches nicht weiter darauf eingegangen. Bei allen Rezepten wird immer von einem gewaschenen, geputzten, also küchenfertigen Zustand aller Zutaten ausgegangen.

Bei Angaben von Pfeffer als Gewürz wurde auf den Hinweis ›frisch aus der Mühle‹ verzichtet. Nur frisch gemahlen entwickelt dieses unentbehrliche Gewürz sein volles Aroma. Schwarzer Pfeffer ist übrigens ›schärfer‹ als weißer.

Sofern nicht anders angegeben, beziehen sich alle Rezepte auf 4 Portionen.

Verwendete Angaben

EL = Eßlöffel (gestrichen)
TL = Teelöffel (gestrichen)
Msp. = Messerspitze
TK = Tiefkühl
l = Liter
ml = Milliliter = $^1/_{1000}$ l
cl = Zentiliter (2 cl = 1 Schnapsglas)
kg = Kilogramm
g = Gramm

Temperaturangaben

geringe Hitze = unter 100 °C
mittlere Hitze = um 175 °C
starke Hitze = um 200 °C und höher

Die Matjes

Neuer Matjes ist von Natur aus salzarm. Deshalb braucht er auch nicht, entgegen landläufiger Gewohnheit, gewässert zu werden. Das delikate zarte Fleisch würde im wahrsten Sinne des Wortes nur ›verwässert‹. Wer den Salzgehalt etwas absenken möchte oder muß, kann die Matjes für etwa 30 Minuten in Buttermilch einlegen. Serviert werden die zarten Filets mit der silbrigen Hautseite nach oben. Damit wäre eigentlich fast alles über die Grundzubereitung gesagt.

Daß der Matjes ein ›jungfräulicher‹ Hering ist, muß, richtig betrachtet, bestritten werden. Es ist nicht so, daß ganze Schwärme durch die Meere ziehen, alle mit einem abgelegten ›Zölibats-Gelübde‹. Vielmehr wird der Matjes aus den Heringen gewonnen, die saisonbedingt in Vorbereitung auf die Laichzeit richtig ›Speck‹ angefuttert haben.

Wie die Rezepte dieses Buches zeigen, läßt sich der zarte Matjes auf vielerlei Arten, eine delikater als die andere, zubereiten. Besonders köstlich ist der gerade angelandete und gereifte Matjes ›aus der Hand‹, nur mit dünnen Zwiebelscheiben belegt und von einem abschließenden ›Klaren‹ auf den richtigen Weg gebracht.

Da Probieren bekanntlich über Studieren geht, die einfache Empfehlung: Entdecken Sie Ihr Lieblingsrezept, indem Sie alle ausprobieren. Schlemmen ›pur‹ ist angesagt.

Bunte Matjesplatte

(Für 6 Portionen)

*500 g Crème fraîche, 2 gehackte Zwiebeln,
1 klein gewürfelter Apfel, jodiertes Salz, weißer Pfeffer,
12 Matjesfilets, 3 hartgekochte Eier, 3 Tomaten,
1/2 Salatgurke, 2 EL gehackter Schnittlauch,
1 EL zerstoßene Wacholderbeeren.*

Party-Matjes

Frische Matjes sind ein idealer Begleiter einer geselligen Runde. Nicht nur weil sie delikat sind, sondern auch, weil sich der köstliche Imbiß schnell zubereiten läßt. - Nachstehend zwei Rezepte für Matjesplatten.

Die Crème fraîche mit den Zwiebel- und Apfelwürfeln vermischen, dann mit Salz und Pfeffer pikant abschmekken. Die Sauce auf eine Platte gießen. Die Matjes aufrollen und kreisförmig daraufsetzen.

Die Eier und die Tomaten in Viertel schneiden. Die Salatgurke in dünne Scheiben schneiden. Eier- und Tomatenstücke abwechselnd zwischen die Matjesröllchen setzen. Die Gurkenscheiben in der Mitte der Platte anrichten. Mit den Schnittlauchröllchen und dem Wacholder bestreut servieren.

Beilage: Pellkartöffelchen oder Schwarzbrot

Feine Matjesplatte
(Für 6 Portionen)

12 Matjes, 6 Frühlingszwiebeln, 4 Gewürzgurken, 200 g eingelegte Rote Bete, 1 Bund Petersilie

Die küchenfertigen Matjesfilets trockentupfen. Die Frühlingszwiebeln in feine Ringe schneiden. Die Gewürzgurken und die Roten Bete abtropfen lassen, dann fein würfeln. Die Petersilie hacken. Alles getrennt in kleine Schalen geben. Eine Platte mit zerstoßenem Eis belegen, die Matjesfilets darauf anrichten, die Schüsseln an den Rand der Platte stellen.

Beilagen: Vollkornbrot und Butter

Tip: Ist kein Eis vorhanden, können die möglichst kühlen Filets auch auf Salatblättern angerichtet werden.

Seite 9
Matjes – eine Zierde
für jedes Buffet

Matjesfilets mit grünen Bohnen

1 kg grüne Bohnen, 1 Bund Bohnenkraut,
4 Zwiebeln, 125 g Räucherspeck,
1 EL Butter, jodiertes Salz, weißer Pfeffer,
4 EL gehackte Petersilie, 8 Matjesfilets

Der Matjes-Klassiker

Manche Rezepte sind neuzeitliche Kreationen, entstanden aus dem Bedürfnis, Abwechslung zu schaffen und den Köchen zur Ehre zu gereichen. Es gibt aber auch ›Klassiker‹ unter den Rezepten, die keiner Nachempfindung bedürfen, weil einmalig gut. Dazu gehört Matjes mit grünen Bohnen. Das Rezept entstand durch die Tatsache, daß die ersten Bohnen – frisches Gemüse war früher rar – gerade reif waren, als die Matjes angelandet wurden.

Die Bohnen brechen und in wenig Salzwasser mit dem Bohnenkraut etwa 20 Minuten kochen lassen. Zwei Zwiebeln und den Speck würfeln und in der Butter glasig dünsten. Die Bohnen mit Salz und Pfeffer würzen, dann in der Speck-Butter-Mischung schwenken. Mit der gehackten Petersilie bestreuen. Die restlichen Zwiebeln in Ringe schneiden und über die Matjesfilets verteilen.
Beilage: Salzkartoffeln

Matjes mit Schneidebohnen

800 g Schneidebohnen,
200 ml Vollmilch, 100 ml Fleischbrühe,
2 EL Butter, 1 Msp. Zucker,
jodiertes Salz, 1 Bund Bohnenkraut,
1 EL Mehl, 8 Matjesfilets

Die Bohnen in dünne Streifen schneiden. Danach in der Milch, mit der Fleischbrühe, der Butter, Zucker, Salz und dem Bohnenkraut in etwa 25 Minuten dünsten. Das Mehl darüberstreuen, kurz mitkochen, das Bohnenkraut entfernen und die Flüssigkeit sämig einkochen lassen. Die Bohnen mit dem Kochsud und den Matjes auf Tellern lecker anrichten.

Beilage: Pellkartoffeln mit Speckstippe

Matjes mit Reibekuchen

650 g Kartoffeln,
3 EL Crème fraîche, 2 Eier, 2 EL Mehl,
jodiertes Salz, weißer Pfeffer,
2 Zwiebeln, 3 EL Butterschmalz,
150 g Joghurt, 150 g saure Sahne,
1 EL Zitronensaft,
1 TL mittelscharfer Senf,
1 Msp. Zucker,
1 Bund Dill, 8 Matjesfilets

Die Kartoffeln in eine Schüssel reiben. Die Kartoffelmasse mit der Crème fraîche, den Eiern und dem Mehl verrühren. Mit etwas Salz und Pfeffer würzen. Die Zwiebeln fein hacken und unter den Teig rühren. Das Butterschmalz in einer Pfanne erhitzen. Den Teig zu kleinen Reibekuchen von etwa 12 cm Durchmesser formen und in dem Fett backen. Die fertigen warm stellen. Den Joghurt mit der sauren Sahne verrühren und mit dem Zitronensaft, dem Senf, Salz und Zucker abschmecken. Den Dill fein hacken. Die Hälfte unter die Sauce heben. Auf jeden Reibekuchen einen Matjes ringförmig zusammenlegen und die Sauce in die Mitte geben. Das Ganze mit dem restlichen Dill garnieren und sofort servieren.

Beilage: Kopfsalat

Ein Klarer gehört dazu

Die Ausrede ›Fisch muß schwimmen‹, um einen kräftigen Schluck zur Brust zu nehmen, hat auch für Heringe und Matjes eine gewisse Berechtigung. Am besten passen klare Schnäpse wie Korn, Aquavit, Bommerlunder oder Wodka. Natürlich immer eisgekühlt.

11

Matjeshäckerle

Hering mit Schlagsahne

Kurt Tucholsky
(1890 - 1935).
Berliner Publizist von
Rang, der seine Werke,
mit Ironie und Schärfe
spickte, konnte am
Hering nicht ohne
Kommentar vorbeige-
hen. Er formulierte:
›Schlagsahne ist gut.
Hering ist gut. Wie
gut muß erst Hering
mit Schlagsahne sein.‹
Ob diese Erkenntnis
nach dem Verzehr
eines der nachstehen-
den Gerichte wie ein
Blitz aus heiterem
Himmel über ihn
kam, ist nicht über-
liefert.

*8 Matjesfilets, 1 Apfel, 1 TL Zitronensaft,
250 g Räucherspeck, 2 Zwiebeln, 2 hartgekochte Eier,
200 g süße Sahne, 1 TL mittelscharfer Senf,
4 EL gehackte Petersilie*

Die Matjesfilets würfeln. Den Apfel schälen, entkernen und würfeln, dabei mit dem Zitronensaft vermischen. Den Speck, die Zwiebeln und ein Ei würfeln. Alles mit der Sahne und dem Senf vermischen. Das zweite Ei in Scheiben schneiden. Das Häckerle auf einer Platte anrichten, mit den Eischeiben garnieren und mit der Petersilie einen Kranz darum streuen.
Beilage: Bratkartoffeln

Matjes mit Pellkartoffeln

*600 g kleine Kartoffeln, 2 Zwiebeln,
150 g Speckwürfel, 1 kleiner Kopfsalat, 4 Tomaten,
8 Matjes, schwarzer Pfeffer*

Die Kartoffeln kochen. Die Zwiebeln in dünne Ringe schneiden. Die Speckwürfel in einer Pfanne auslassen. Den Salat in mundgerechte Stücke zupfen. Die Tomaten in Achtel schneiden. Die gekochten Kartoffeln pellen und als kleinen Berg in der Mitte einer Platte aufschichten. Mit den Speckwürfeln mitsamt dem Bratfett übergießen. Die Tomaten um die Kartoffeln legen, die Salatblätter kreisförmig anrichten und die Matjes darauflegen. Die Zwiebelscheiben auf die Matjes legen und mit Pfeffer bestreut servieren.

Matjes auf Apfel-Kartoffel-Salat

500 g Pellkartoffeln, 150 g süße Sahne,
2 kleine Stauden Chicorée, 1 Apfel,
1/2 Bund Petersilie, 1 Bund Schnittlauch,
100 g Salatmayonnaise, 1 EL Zitronensaft,
jodiertes Salz, Cayennepfeffer, 8 Matjesfilets

Die Kartoffeln pellen, in dünne Scheiben schneiden, dann mit 8 EL Sahne vermengen. Den Chicorée in dünne Ringe und den Apfel in dünne Scheiben schneiden. Die Petersilie und den Schnittlauch hacken. Die restliche Sahne mit der Mayonnaise verrühren und mit dem Zitronensaft, Salz und Cayennepfeffer (vorsichtig dosieren!) würzen. Die Petersilie und die Schnittlauchröllchen daruntermischen. Kartoffel-, Chicorée- und Apfelscheiben mit der Sauce vermischen. Die zu Röllchen geformten Matjesfilets auf dem Salat anrichten.
Beilage: ein kühles Pils

Matjes in Wacholdersauce

2 Zwiebeln, 1 TL Wacholderbeeren, 2 EL Butterschmalz,
1 Lorbeerblatt, 250 g Crème fraîche, jodiertes Salz,
weißer Pfeffer, 8 Matjesfilets, 2 Äpfel, 1 TL Zitronensaft,
1 TL Zucker, 125 ml trockener Weißwein,
500 g Pellkartoffeln, 100 g Speck

Die Zwiebeln in Ringe schneiden. Die Wacholderbeeren grob zerstoßen. Die Zwiebelringe in dem heißen Butterschmalz in einer Pfanne goldgelb dünsten. Den Wacholder und das Lorbeerblatt dazugeben. Dann die Crème fraîche darunterrühren und alles aufkochen. Erkalten lassen, mit Salz und Pfeffer würzen. Die Sauce über den Matjes verteilen. Die Äpfel schälen, entkernen und in Spalten schneiden, dabei mit dem Zitronensaft vermischen, mit Zucker und dem Wein etwa 3 Minuten dünsten, dann kalt stellen. Die gekochten Kartoffeln pellen. Den Speck würfeln und knusprig braun braten. Die Kartoffeln in der Pfanne kurz anbraten. Mit Salz und Pfeffer würzen und zusammen mit den Matjes und dem Apfelkompott servieren.

Die Strafe Gottes

In seinem Buch ›Gastmahl der Völker‹ berichtete Werner Fuchs-Hartmann über das Entsetzen der Menschen, wenn die großen Heringsschwärme an den deutschen Küsten in früheren Jahrhunderten einmal ausblieben:
Bereits 1313 wurde in Preußen ein mißratener Heringsfang als Strafe Gottes aufgefaßt. Da man im Vorjahre einen Fisch gefangen hatte, der wegen seiner Größe allgemein Aufsehen erregt hatte, schloß man jetzt daraus, daß es sich um einen Königshering gehandelt haben könnte, der die Züge des Herings sonst immer anführte. Schon glaubte man mit großer Betrübnis, auf den Heringsgenuß in Zukunft verzichten zu müssen – da machte ein um so glücklicherer Fang im darauffolgenden Jahr allen Befürchtungen ein frohes Ende, und die Jungen an der Küste sangen wieder den alten Kehrreim:

> *Wenn't Sönndag is, wenn't Sönndag is,*
> *Da gift et widder Hering,*
> *De Voader krigt dat Middelstück,*
> *De Moeder krigt den Kopp un Steert,*
> *Wi Kinner krigt den Rögen!*

Matjestopf mit Birnen

8 Matjesfilets, 2 Birnen, 2 Zwiebeln,
400 g saure Sahne, 2 EL Zitronensaft, 1 Msp. Zucker,
1 Msp. weißer Pfeffer, 2 EL Cream-Sherry,
jodiertes Salz, 1 Bund Dill, 4 große Salatblätter

Die Matjesfilets in mundgerechte Stücke schneiden. Die Birnen schälen, entkernen und in Würfel schneiden. Die Zwiebeln in Ringe schneiden. Die Matjes, die Birnen und die Zwiebeln in eine Schüssel geben und vorsichtig vermischen. Die Sahne, den Zitronensaft, Zucker, Pfeffer, und den Sherry verrühren, mit etwas Salz würzen. Den Dill fein hakken, über die Matjes gießen und alles etwa 1 Stunde kühl gestellt durchziehen lassen. Den Salat auf den Salatblättern anrichten.
Beilage: kerniges Landbrot mit Butter

Die Flotte des ›Alten Fritz‹

König Friedrich der Große, als ›der Alte Fritz‹ populär geworden, erkannte schon sehr früh den Wert des Herings für die Ernährung seiner Untertanen. Zunächst fischte seine Heringsflotte von Stettin aus in der Ostsee. Da die Fänge nicht ausreichten, verlegte er einen Teil seiner Flotte in die ostfriesische Stadt Emden, das war im Jahr 1767. Von da an fischten die Preußen den Hering auch in der Nordsee und schlugen damit gleich zwei Fliegen mit einer Klappe: Zum einen erzielten sie ausreichende Fänge für die nicht sonderlich reich gedeckten Tafeln der königlichen Untertanen. Außerdem sparte er viel Geld, denn bis dahin hatten die Holländer große Teile ihrer Fänge nach Preußen verkauft. Übrigens auch die zum Hering besonders gut schmeckenden Kartoffeln führte der rührige König von Preußen ein.

Matjes mit Äpfeln
– eine vorzügliche
Kombination

Matjes-Kartoffel-Auflauf

*6 Matjesfilets, 200 g Frühlingszwiebeln,
2 EL Pflanzenöl, 700 g gekochte Kartoffeln,
150 g Crème fraîche, weißer Pfeffer, 3 EL Butter,
2 EL Semmelbrösel, 3 EL gehackter Schnittlauch.*

Die Matjesfilets in mundgerechte Stücke und die Zwiebeln in Ringe schneiden. Die Zwiebeln in dem Öl in einer Pfanne glasig dünsten. Die Kartoffeln in Scheiben schneiden und abwechselnd mit den Matjesstücken und den Zwiebelringen in eine feuerfeste Form schichten. Die Crème fraîche mit etwas Pfeffer verrühren und darübergießen. Mit Butterflöckchen belegen und mit Semmelbröseln bestreuen. Im Backofen bei 180 Grad etwa 25 Minuten backen. Mit den Schnittlauchröllchen bestreut servieren.
Beilage: knackiger Salat

Der Hering als Heilmittel

Wir alle wissen, daß der Verzehr von Fisch, also auch von Heringen, gesund ist. Etwas in Vergessenheit geraten sind die Herings-Heilkuren zum Kurieren von Krankheiten:
Bei Fieber, so ein uraltes Hausmittel, soll ein über dem Rücken gespaltener Hering, der auf die Fußsohlen gelegt wird, wahre Wunder wirken. Ein Hausbuch vom Anfang des vorigen Jahrhunderts empfiehlt: Viele geräucherte Heringe essen, da diese ›den Magen von denen dadrinnen befindlichen verdorbenen Feuchtigkeiten trocknet, Appetit und Durst erwecket und einem verdorbenen und von Ekel widrigen Magen in Ordnung bringt‹.

Matjesfilets in grüner Sauce

800 g Kartoffeln, jodiertes Salz, 1 EL Kümmelsamen,
1 großes Bund gemischte Kräuter, 2 Zwiebeln,
4 Gewürzgurken, 200 g saure Sahne, 150 g Vollmilch-
Joghurt, weißer Pfeffer, 1 EL Zitronensaft, 8 Matjesfilets

Die Kartoffeln in der Schale mit Salz und Kümmel kochen. Die Kräuter fein hacken. Eine Zwiebel würfeln, die andere in Ringe schneiden. Die Gurken würfeln. Die gehackten Kräuter mit der sauren Sahne und dem Joghurt gut verrühren. Die Zwiebelwürfel, die Gurkenwürfel, etwas Pfeffer und Salz sowie den Zitronensaft in die Sauce rühren. Die Matjesfilets mit den Zwiebelscheiben belegen und mit den gepellten Kartoffeln anrichten.
Beilage: ein eisgekühlter Schnaps

Königlicher Genuß

Nicht nur, daß der ›Alte Fritz‹, König von Preußen, den preiswerten Hering für jedermann in Preußen erschwinglich machte, er selbst verzehrte die Fische mit Genuß. So ist überliefert, daß er zwölf Tage vor seinem Tod auf dem ihm vorgelegten Speiseplan seines Hofkochs neben dem Gericht ›Frische Heringe‹ ein Kreuz machte. Ein Zeichen für die königliche Zufriedenheit.

Das Faß der Königin

Eine ganz besondere Bedeutung haben Heringe, insbesondere Matjes, in Holland. Noch immer gehört das erste angelandete Faß ›Matjes der Saison‹ der Königin. Mit Pomp und nicht ohne Stolz wird es, meist in den Landesfarben blau-weiß-rot bemalt, übergeben. Nur wenig später werden die köstlichen frischen Matjes auch an speziellen Ständen in den Straßen der Städte, meist mit Zwiebeln als Beigabe, angeboten. Es ist schon ein Schauspiel für sich, wenn das schnellste Schiff der kleinen Fangflotte, über die Toppen geflaggt, mit dem ersten Faß an Bord in den Hafen einläuft.
Der Fang der ersten Tage von allen Schiffen der Flotte wird für die Ehrengabe eingesammelt. Das schnellste Schiff, Jager genannt, hat die Ehre, das Faß anzulanden. Startzeichen für die Matjes-Schlemmersaison!

Skippers Matjestopf

2 Karotten, 1/2 Salatgurke, 1 Zwiebel, 8 Matjes,
125 ml helles Bier, 200 g Crème fraîche, 1 Bund Dill,
1 Bund Schnittlauch, 1 Msp. Lorbeerpulver,
weißer Pfeffer, Rosenpaprika, 1 Msp. Zucker

Seite 21
Matjes mit frischen
Pellkartoffeln –
eine Delikatesse

Die Karotten und Salatgurke in feine Streifen schneiden. Die Zwiebel in dünne Ringe schneiden. Die Matjesfilets in eine Schüssel legen und mit den Gemüsestreifen und den Zwiebeln belegen. Das Bier und die Crème fraîche verrühren. Den Dill fein hacken, den Schnittlauch in Röllchen schneiden. Beides in die Sauce rühren. Mit dem Lorbeerpulver, Pfeffer, Paprika und Zucker fein würzig abschmekken. Die Marinade über die Matjesfilets gießen und 24 Stunden kühlgestellt ziehen lassen. Die Matjes in der Sauce servieren.
Beilage: neue Kartoffeln oder Bauernbrot

Seidels Herings-Gedicht

Eine eigene Ode, ›Herings-Hymne‹ betitelt, dichtete der Schriftsteller Heinrich Seidel (1842-1906).

Der Hering ist ein salzig Tier,
Er kommt an vielen Orten für.
Wer Kopf und Schwanz kriegt,
*   hat kein Glück.*
Am besten ist das Mittelstück.

Es gibt auch eine saure Art,
in Essig wird sie aufbewahrt.
Geräuchert ist er alle Zeit,
Ein Tier von großer Höflichkeit.

Wer niemals einen Hering aß,
Wer nie durch ihn von Qual genas,
Wenn er mit Höllenpein erwacht,
Der kennt nicht seine Zaubermacht.

Drum preiset ihn zu jeder Zeit,
Der sich der Menschheit Wohl geweiht,
Der Hering heilet, was uns elend macht,
Dem Hering sei ein Hoch gebracht.

Matjes-Schlemmerkartoffeln

4 große mehlig kochende Kartoffeln, 8 Matjesfilets,
2 Gewürzgurken, 1 grüne Paprikaschote,
1 Zwiebel, schwarzer Pfeffer, 200 g Kräuterquark,
4 EL Mineralwasser, 1 Bund Dill

Die gewaschenen Kartoffeln einzeln fest in Alufolie wikkeln. Im Backofen etwa 60 Minuten bei 200 Grad backen. Die Matjes, die Gurken, die Paprikaschote und die Zwiebel würfeln. Alle Zutaten gut miteinander verrühren, dann mit Pfeffer würzen. Den Quark mit dem Mineralwasser und dem fein gehackten Dill verrühren. Die fertig gebackenen Kartoffeln kreuzweise einschneiden und etwas auseinanderdrücken. Die Schnittstelle mit dem Matjessalat füllen. Beilagen: Bier und eiskalter Korn

Matjes in Rahmsauce

8 Matjesfilets, 1 EL Zitronensaft, 3 säuerliche Äpfel,
1 Zwiebel, 125 g saure Sahne,
80 g süße Sahne, 120 g Salatmayonnaise,
jodiertes Salz, 1/2 TL Worcestershiresauce,
1 Msp. Cayennepfeffer, 1 Msp. Zucker

Die Matjesfilets mit dem Zitronensaft beträufeln. Die Äpfel schälen und entkernen. Die Zwiebel in dünne Ringe schneiden. Die saure und die süße Sahne miteinander verrühren,

dann die Mayonnaise untermengen. Mit Salz, der Worcestershiresauce, Cayennepfeffer (vorsichtig dosieren!), sowie etwas Zucker pikant abschmecken. Die Sauce über die Matjesfilets gießen.
Beilage: frischer Spargel

Matjes in Senf-Dillcreme

6 Matjesfilets, 4 gelbe Paprikaschoten,
2 Stangen Staudensellerie, 400 g Möhren, 4 EL Butter,
100 g süße Sahne, 150 g Vollmilch-Joghurt,
1 EL Senf, 1 Bund Dill

Die Matjesfilets in kleine Stücke schneiden. Das Gemüse in kleine Würfel schneiden. Butter in einer Pfanne erhitzen und die Gemüsewürfel bei mittlerer Hitze darin etwa 15 Minuten dünsten, dann etwas abkühlen lassen. Die Sahne mit dem Joghurt und dem Senf verrühren. Den Dill fein hacken und untermischen. Das Gemüse und die Matjeswürfel unter die Sauce mischen und den Salat lauwarm servieren.
Beilage: grüne Bandnudeln

Matjes in Curry-Joghurt

8 Matjesfilets, 8 Frühlingszwiebeln,
2 EL Sojaöl, 1 EL Curry,
50 g Vollmilch-Joghurt, jodiertes Salz,
100 g Maiskörner, 1 kleine Banane,
2 EL geschälte Sonnenblumenkerne

Die Matjesfilets mit der Innenseite nach oben auf eine Arbeitsplatte legen. Die Frühlingszwiebeln in feine Streifen schneiden. Diese in die Filets einrollen. Die Filets mit einem Holzspießchen zusammenstecken. Die Röllchen auf eine Platte setzen. Das Öl in einer Pfanne erhitzen, den Curry unterrühren und anschwitzen. Den Joghurt einrühren und etwas salzen. Die Maiskörner und die pürierte Banane in die Pfanne geben und mit erhitzen. Die Sauce über die Matjesfilets gießen. Mit den Sonnenblumenkernen bestreut servieren.

Beilage: frisches Baguette

Ingwer-Matjes

Marinierzeit: 2 Tage

10 Matjesfilets, 8 rote Zwiebeln, 60 g Ingwer,
250 ml Rotweinessig, 250 ml trockener Sherry,
1 EL Wacholderbeeren, 1 TL Pimentkörner,
1 TL schwarze Pfefferkörner, 200 g Zucker

Die Matjesfilets in schräge Streifen schneiden. Die Zwiebeln in Ringe und den Ingwer in dünne Scheiben schneiden. Die Zwiebeln, den Ingwer, den Essig, den Sherry, die Gewürze und den Zucker in einem Topf aufkochen, 2-3 Minuten kochen lassen, dann zum Abkühlen beiseite stellen. Die Matjesfilets in ein großes Glas oder eine Schüssel schichten und mit dem erkalteten Würzsud übergießen. Zwei Tage ziehen lassen.

Beilage: Bratkartoffeln

Seite 25
Auch mit Gemüse wie Fenchel und Roten Beten schmeckt Matjes lecker

Matjesröllchen
mit Rote-Bete-Sauce

8 Matjesfilets, 1/2 Salatgurke, 1 Bund Dill,
180 g Vollmilch-Joghurt, 2 EL Zitronensaft,
1 EL abgeriebene Zitronenschale, jodiertes Salz,
weißer Pfeffer, 100 g eingelegte Rote Bete

Die Matjes mit der Innenseite nach oben auf eine Arbeitsplatte legen. Die Salatgurke schälen und in kurze Stifte schneiden. Diese auf den Matjes verteilen. Je ein Stückchen Dill darauflegen und die Filets aufrollen. Mit einem Holzspießchen zusammenstecken. Den Joghurt mit dem Zitronensaft und der abgeriebenen Zitronenschale, etwas Salz und Pfeffer verrühren. Die Hälfte der Roten Bete pürieren, die restlichen fein würfeln. Beides unter den Joghurt mischen und zu den Matjesröllchen servieren. Beilage: Röstkartöffelchen

Schwärmerei

Ja, wenn die Heringe wüßten, daß wir ihnen ›auf die Schliche‹ gekommen sind, würden sie vielleicht ihr Verhalten ändern und die Fänge würden noch weiter zurück gehen. Der Hering, von Fachleuten ›Clupenga harengus‹ genannt, ist ein Schwarmfisch. In gewaltigen Schwärmen schwimmen alle Fische parallel zueinander, sie halten die gleichen Abstände und wechseln die Richtung wie auf Kommando. Dieses Schwarmverhalten macht sie berechenbar. Mit Hilfe elektronischer Ortungsgeräte können sie quasi wie U-Boote aufgespürt werden. Netze können für den erfolgreichen Fang präzise plaziert werden.

Gefüllte Matjes

8 Matjesfilets, 2 Äpfel, 1 Birne, 1 Zwiebel,
150 g Crème fraîche, 1 Msp. Zucker, jodiertes Salz,
1 TL Zitronensaft

Die Matjesfilets zu Röllchen formen. Die Äpfel schälen, entkernen und in dünne Spalten schneiden, jeweils eine Scheibe unter die Röllchen legen. Die Birne schälen und würfeln, die Zwiebel reiben. Die Crème fraîche mit dem Zucker, Salz, dem Zitronensaft und der Zwiebel vermischen. Die Birnenwürfel daruntergeben und die Masse in die Röllchen füllen.
Beilagen: Schwarzbrot und Butter

Störtebekers Heringsliebe

Auch der Deutschen Lieblingsschurke, Seeräuber Klaus Störtebeker, in der Sagenbildung im nachherein mit den nobelsten Attributen ausgestattet, liebte die Heringe. Nicht nur, daß er sie mit seinen Mannen verzehrte, er liebte sie so sehr, daß er ganze Schiffsladungen Heringsfässer, mitsamt der Schiffe, unter seine Fittiche nahm. Hatte er Glück und es waren noch Fässer mit Hamburger Bier und Branntwein an Bord, stand der ungetrübten Völlerei nichts mehr im Weg. Überzähliges wurde in klingende Münze verwandelt, oder, so wird behauptet, an die Armen verteilt. Jener Robin Hood des Meeres soll sogar, so will es die Überlieferung, eine Heringsstiftung, ob seines schlechten Gewissens, begründet haben: die sogenannte Lätare-Spende. In der Stadt Verden werden noch heute am Montag nach Lätare Heringe und Brot an die Armen der Stadt verteilt. Eine noble Geste des Mannes, den seine Vorliebe für hanseatische Heringe und einige andere Dinge, letztlich ›kopflos‹ machte. Auch wenn das alles geschichtlich nicht belegt ist, dem Image der Stadt tut's heute noch gut…

Die Heringsschlacht

Als ›Heringsschlacht‹ ging ein ansonsten eher unbedeutendes Scharmützel während des Hundertjährigen Krieges zwischen Briten und Franzosen in die Geschichte ein. Am 12. Februar 1429 beschoß die französische Artillerie eine lange Nach-schubkolonne der Briten, die die Stadt Orleans belagerten. Rund 300 schwere Transportwagen, bis oben hin mit Herings-fässern beladen, wur-den zerstört – begehr-ter Nachschub für die Belagerer.

Matjes ›Lukull‹

4 Zwiebeln, 3 EL Butter, 200 ml trockener Weißwein, je 2 grüne und rote Paprikaschoten, 4 Tomaten, 200 ml Tomatenketchup, 100 ml Sojaöl, 100 ml Kräuteressig, 2 EL Chilisauce, 1 EL Zucker, 1 Kästchen Kresse, 1 Bund Schnittlauch, jodiertes Salz, weißer Pfeffer, 8 Matjesfilets

Die Zwiebeln in Ringe schneiden. Die Butter in einer Pfanne erhitzen und die Zwiebelringe darin glasig dünsten. Mit Wasser und dem Weißwein ablöschen, dann weichdünsten. Die Paprikaschoten in Streifen schneiden, alle weißen Häute entfernen, dann zu den Zwiebeln geben. Die Kresse und den Schnittlauch fein hacken. Die Tomaten mit kochen-dem Wasser überbrühen, kalt abschrecken, häuten, entker-nen und das Fleisch würfeln. Die Würfel in die Pfanne ge-ben und alles bei geringer Hitze garziehen lassen. Den Ketchup mit dem Öl und dem Essig verrühren. Die Chili-sauce, den Zucker, Kresse und Schnittlauch dazugeben und mit Salz und Pfeffer würzen. Das Gemüse aus der Pfanne in die Marinade geben, alles verrühren, dann die Matjes in der Marinade 2-3 Stunden ziehen lassen. Die Matjes mit der Marinade als Sauce servieren.
Beilage: frisches Baguette

Seite 29
Matjes verbindet sich vorzüglich mit jungem Gemüse

Matjes mit Apfel-Sahne

4 Schalotten, 1 Bund Dill, 200 g süße Sahne, 200 g saure Sahne, 4 säuerliche Äpfel, 8 Matjes, 8 Salatblätter, schwarzer Pfeffer

Mit braunem Salz ›vermählt‹

Die Glückstädter ›Logger-Matjes‹ genießen unter Kennern einen besonders guten Ruf. Die Matjes werden enzymisch gereift. Dazu werden die gefangenen Heringe sofort gekehlt – ein Teil der Innereien wird entfernt. Dann kommen die Heringe in ›Kantjes‹ genannte Fässer, immer schön schichtweise mit braunem Salz aus Portugal. Nun beginnen die Matjes zu reifen. Das dauert etwa 14 Tage. Dannach sind sie reif, butterzart und können bis zum Winter des Fangjahres ›frisch‹ serviert werden.

Die Schalotten in Ringe schneiden und den Dill abzupfen. Die süße Sahne unter Zugabe von 1 Msp. Salz steif schlagen. Die saure Sahne portionsweise darunterziehen. Die Äpfel schälen, entkernen und würfeln, dann unter die Sahne heben. Die gut gekühlten Matjesfilets auf den Salatblättern anrichten. Mit den Schalottenringen belegen und einer Sahnehaube bedecken. Mit etwas grobem schwarzen Pfeffer bestreut servieren.
Beilagen: Toastbrot und Butter

Matjes mit Tomaten-Kerbel-Parfait

6 Blatt weiße Gelatine, 500 g passierte Tomaten, jodiertes Salz, Worcestersauce, 1 Msp. Cayennepfeffer, 2 cl Aquavit, 1/2 Bund Kerbel, 125 g süße Sahne, 8 Matjesfilets, 4 Frühlingszwiebeln

Die Gelatine in kaltem Wasser einweichen. Das Tomatenpüree in einem Topf erwärmen, mit Salz, etwas Worcestersauce, Cayennepfeffer (vorsichtig dosieren!) und Aquavit abschmecken. Die Gelatine ausdrücken und dazugeben, dann unter Rühren auflösen. Das Püree abkühlen lassen. Den Kerbel fein hacken. Die Sahne steif schlagen und mit dem Kerbel unter das Tomatenpüree geben. Die Masse in eine Schüssel gießen und im Kühlschrank erstarren lassen. Die Frühlingszwiebeln in Ringe schneiden. Das Parfait in acht Scheiben schneiden, auf Tellern anrichten und je mit 1 Matjes belegen. Mit Zwiebelringen belegt servieren.
Beilage: Baguette oder Vollkornbrötchen

Matjesfilets mit Kräuterbutter

800 g kleine Kartoffeln, 125 g Butter,
1 Knoblauchzehe, 1 EL gehackten Schnittlauch,
1 EL gehackte Petersilie,
1 Msp. getrocknete Dillspitzen, 1 Msp. Sardellenpaste,
schwarzer Pfeffer, jodiertes Salz, 8 Zitronenscheiben

Die Kartoffeln waschen und in der Schale kochen. Die Butter mit der ausgedrückten Knoblauchzehe und den Kräutern, sowie der Sardellenpaste gut verrühren und mit etwas Pfeffer und Salz abschmecken. Die Buttermasse zu einer Rolle formen und gut erkalten lassen. Die Matjes mit etwas Pfeffer bestreuen und den Zitronenscheiben belegt anrichten. Die Pellkartoffeln mit Kräuterbutterscheiben belegt dazu reichen.
Beilage: frischer Salat

Matjesfilets auf Pußtasalat

6 Matjesfilets, je 1 rote, grüne und gelbe Paprikaschote,
3 Zwiebeln, 3 EL Kräuteressig,
5 EL Sonnenblumenöl, jodiertes Salz, schwarzer Pfeffer,
1 Msp. Zucker, 200 g Brechbohnen, 200 g Maiskörner,
2 Gewürzgurken, 1/2 Bund Petersilie

Die Matjesfilets in mundgerechte Stücke schneiden.
Je 1/2 der Paprikaschoten in Würfel, die andere Hälfte in schmale Streifen schneiden, dabei jeweils die weißen Häu-

Matjeskunde

Die fertigen Matjes sind an der hellen Farbe entlang der Rückengräte zu erkennen. Bei chemisch gereiften Matjes, die häufig an Bord der Fangschiffe zunächst gefrostet werden, ist die Färbung entlang der Rückengräte meist rötlich, ein deutliches Zeichen für die Art der Verarbeitung. Übrigens, so wie der Münchener Oberbürgermeister das erste Faß Bier auf dem Oktoberfest ansticht, ist es dem Ministerpräsidenten des Landes Niedersachsen vorbehalten, das erste der rund 70 000 Matjesfäßchen zu öffnen.

te entfernen. Die Zwiebeln in Ringe schneiden. 125 ml Wasser und 2 EL Essig in einem Topf erhitzen und die Zwiebelringe darin etwa 5 Minuten kochen. Das Öl, den restlichen Essig, Salz, Pfeffer und Zucker verrühren. Die Bohnen, den Mais und die Paprikawürfel und -streifen in die Marinade geben und etwa 1 Stunde ziehen lassen. Die Gurken in Scheiben schneiden und mit den Matjesstücken abwechselnd auf Spieße stecken. Diese mit Petersilie garniert auf dem Salat anrichten.
Beilagen: Vollkornbrot mit Butter

Matjes mit Pfeffersahne

2 rote Äpfel, 2 EL Zitronensaft, 4 Scheiben Mischbrot,
3 EL Butter, 150 g süße Sahne, jodiertes Salz,
2 cl Genever, 1 EL grüne eingelegte Pfefferkörner,
8 Matjesfilets, 1 Kästchen Kresse

Von den ungeschälten Äpfeln die Kerngehäuse ausstechen. Die Äpfel in 8 gleich dicke Scheiben schneiden. Den Zitronensaft darüber träufeln. Aus dem Brot runde Scheiben ausstechen, diese mit Butter bestreichen. Jede Scheibe mit 2 Apfelscheiben belegen. Sahne unter Zugabe von 1 Msp. Salz steif schlagen, dann mit dem Genever und den Pfefferkörnern würzen. Aus den Matjes Röllchen formen, diese mit einem Holzspießchen feststecken, dann auf den Apfelscheiben anrichten. Die Röllchen mit der Sahne füllen. Die Kresse abschneiden und über die Röllchen streuen.
Beilage: frischer Salat

Matjes mit
Apfel-Zwiebel-Sahne:
ein Klassiker

Matjesfilets auf Preiselbeerquark

Bismarcks Botschaft

Bereits weiland Fürst Otto von Bismarck, Reichskanzler des Kaiserreiches, hatte einen Faible für die delikaten Heringe. Dem erstaunten Volk verkündete er die Botschaft: ›Wäre der Hering so selten wie der Kaviar, würde man ihn als feinsten Leckerbissen gelten lassen.‹ Durch den Rückgang der Fänge und die nicht zuletzt dadurch gestiegenen Preise hat sich die Prophezeiung des ›eisernen Kanzlers‹ erfüllt. Doch tatsächlich ist der Hering sogar in Verbindung mit Kaviar so delikat, daß er keinen Vergleich zu scheuen braucht.

*2 säuerliche Äpfel, 250 g Sahnequark,
5 EL Vollmilchjoghurt, 6 EL Preiselbeerkompott,
8 Matjesfilets*

Die Äpfel schälen, entkernen und in Scheiben schneiden. Diese in etwas Wasser weichdünsten. Den Quark und den Joghurt vermischen. Das Preiselbeerkompott unterrühren. Die Hälfte der Masse auf die Apfelscheiben streichen. Die Matjes zu Röllchen formen und diese hochkant auf den Apfelscheiben anrichten und mit dem restlichen Quark garnieren.
Beilage: Sesam-Fladenbrot

Matjestatar auf Röstis

*2 Zwiebeln, 1 EL Kapern, 1 Bund Petersilie,
1 Gewürzgurke, 8 Matjesfilets, weißer Pfeffer,
2 cl Aquavit, 8 Röstis (TK), 1 EL Butterschmalz*

Die Zwiebeln, die Kapern und die Petersilie fein hacken. Die Gewürzgurke und die Matjesfilets fein würfeln. Mit den Zwiebel- und Kaperwürfeln, sowie der Petersilie mischen, dann alles nochmals hacken. Das Tatar mit etwas Pfeffer und Aquavit abschmecken. Die Röstis in dem Butterschmalz braten. Das Tatar darauf anrichten.
Beilage: frischer Salat

Matjestatar
nach Art des Hauses

150 g Rindertatar, 3 Matjesfilets, 2 Eigelb,
1 EL Zitronensaft, 1 Zwiebel, 1 Essiggurke, 1 EL Kapern,
1/2 Bund Petersilie, jodiertes Salz, weißer Pfeffer

Das Tatar und die fein gewürfelten Matjesfilets in einer
Schüssel vermischen. Die Eigelb, den Zitronensaft, die
Zwiebel- und Gurkenwürfel sowie die Kapern und die fein
gehackte Petersilie dazugeben und gut vermischen. Mit Salz
und Pfeffer herzhaft abschmecken.
Beilage: Kräuter-Bratkartoffeln

Matjes mit Mango und
Dillsahne

8 Matjesfilets, 3 rote Zwiebeln, 1/2 Mango, 2 TL Kapern,
4 EL Olivenöl, weißer Pfeffer, 200 g saure Sahne,
1 EL mittelscharfer Senf, 1/2 Bund Dill, 4 Zitronenscheiben

Die Matjesfilets mundgerecht würfeln. Die Zwiebeln und
das Mangofleisch fein würfeln, dann mit den Kapern und
dem Öl vermischen. Mit Pfeffer pikant abschmecken und
etwa 1 Stunde durchziehen lassen. Die saure Sahne mit
dem Senf verrühren, feingehackten Dill unterziehen. Die
Matjeswürfel auf einer Platte schichtweise mit der Sahne
anhäufen. Mit Zitronenscheiben garnieren.
Beilagen: kerniges Landbrot mit Butter

Finnischer Heringssalat

250 g rote Bete, jodiertes Salz, 2 Möhren, 1 Ei,
8 Matjesfilets, 1 Gewürzgurke, 1 Apfel,
1 Zwiebel, 250 g Pellkartoffeln,
4 EL Weißweinessig, 150 g saure Sahne,
weißer Pfeffer,
1/2 Bund Petersilie

Seite 37
Mit süßen Zutaten wie
Beeren oder Rosinen
geht Matjes eine gute
Verbindung ein

Die Roten Bete schälen und in etwa 15 Minuten in wenig Salzwasser garkochen. Die Möhren in dünne Scheiben schneiden und ebenfalls in wenig Salzwasser weichdünsten. Das hartgekochte Ei achteln und die Matjesfilets in mundgerechte Stücke schneiden. Die Pellkartoffeln pellen und in Scheiben schneiden. Die Roten Bete in Stifte schneiden. Die saure Sahne mit dem Essig verrühren. Alle Zutaten mischen, mit Salz und Pfeffer abschmecken, durchziehen lassen. Mit Ei und Petersilie garnieren.
Beilage: geröstetes Kastenweißbrot

Die Matjesstädte

Zwei deutsche Städte können für sich das Prädikat ›Matjesstadt‹ in Anspruch nehmen: Emden in Ostfriesland und Glückstadt an der Elbe. In Emden produzieren noch immer zwei uralt-eingesessene Betriebe Salzheringe und Matjes nach überlieferten Rezepten. In Glückstadt hingegen wird in jedem Jahr eine ›Matjeswoche‹ abgehalten, wenn die ersten fangfrischen Matjes angelandet sind. Dann hat ›König Matjes‹ das Sagen in der Stadt. Alles dreht sich um die edlen Filets, die auch in allen Gaststätten in unzähligen Variationen angeboten werden. Von dem Verkauf an Straßenständen einmal abgesehen. - Und so ein frischer Matjes, einfach aus der Hand gegessen, mit Blick auf den Hafen, der das Ambiente der Seefahrtstradition vermittelt, ist nicht nur ein kulinarischer Höhepunkt.

Würziger Matjes-Salat

8 Matjesfilets, je 1 rote und grüne Paprikaschote,
1 Zwiebel, 4 Essiggurken, 250 g gegarte grüne Bohnen,
1 EL Zitronensaft, 5 EL Sonnenblumenöl, weißer Pfeffer

Zarenschmaus und anderes

Der russische Clan der Romanow, über drei Jahrhunderte das Herrschergeschlecht Rußlands, hatte ein eigenes Hausrezept für die zarten Matjes: Man nehme reichlich saure Sahne und mische noch reichlicher Beluga-Kaviar darunter. Würze alles mit ein wenig Zitrone und Pfeffer. Diese Sauce reiche man zu Matjes-Filets… Bei den Kaviar-Preisen von heute ein nicht alltägliches Gericht. Voraussetzung ist ein prall gefülltes Portemonnaie.

Auch nicht gerade wenig investierte ein Industriemagnat, der sich sein Leibgericht direkt aus der Matjesstadt Glücksburg auf seine Yacht in die Karibik einfliegen ließ: 15 Portionen Matjes mit grünen Bohnen und der dazugehörenden Speckstippe. Die Frachtkosten, von dem Menuepreis reden wir nicht erst, beliefen sich auf satte elftausend deutsche Mark. Wie heißt es so schön: Es war schon immer etwas teuer, einen besonderen Geschmack zu haben…

Übrigens recht teuer bezahlte auch ein süddeutscher Sportwagenfahrer seine Matjesliebe. Auf den Rücksitz seiner sportlichen Edelkarosse, die mit rund hunderttausend Mark zu Buche stand, stellte er ein Fäßchen schön frische Matjes in Salzlake. Es kam, wie es kommen mußte – während der Fahrt machte sich das Faß selbständig und der Inhalt ergoß sich über das noble Innenleben des Gefährts. Den Matjesduft, sonst erwünscht, wieder aus dem Auto zu entfernen ist nahezu unmöglich. Ohne Matjes, aber mit viel Duft, kam der Fahrer in heimatlichen Landen an. Sein Auto erhielt ein teures, neues Innenleben, während er wahrscheinlich mit knurrendem Magen das Scheckbuch zücken mußte.

Die Matjesfilets in mundgerechte Stücke schneiden. Die Paprikaschoten würfeln. Die Zwiebel und die Gurke fein hacken. Alles mit den Bohnen in einer Schüssel vermengen. Aus dem Zitronensaft, dem Öl und etwas Pfeffer eine pikante Marinade rühren, über den Salat gießen. Kühl gestellt etwa 1 Stunde durchziehen lassen.
Beilage: Röstkartoffeln

Matjes-Salat mit Kaviarsauce

250 g Pellkartoffeln, 2 Zwiebeln,
200 ml Fleischbrühe, 2 Eier,
8 Matjesfilets, 120 g saure Sahne,
120 g Salatmayonnaise, 2 EL Crème fraîche,
jodiertes Salz, weißer Pfeffer, 1/2 Bund Kerbel,
50 g Forellenkaviar

Die Kartoffeln pellen und in dünne Scheiben schneiden. Die Zwiebeln würfeln. Die Brühe aufkochen und über die Kartoffeln und die Zwiebeln gießen. Etwa 30 Minuten durchziehen lassen. Die Eier hart kochen, dann in Scheiben schneiden. Die Matjesfilets in mundgerechte Stücke schneiden. Die saure Sahne mit der Mayonnaise und Crème fraîche in einer Schüssel verrühren. Mit etwas Salz und Pfeffer würzen. Die Kerbelblättchen abzupfen und fein hacken. Die Hälfte der Kerbelblättchen und den Kaviar unter die Sauce rühren. Die Kartoffeln, die Eischeiben und die Matjes schichtweise mit der Sauce auf einer Platte anrichten. Mit dem restlichen Kerbel garniert servieren.
Beilage: Butterbrot oder ofenwarmes Baguette

Matjessalat á la Elbfischer

2 Möhren, 2 Zwiebeln, 2 säuerliche Äpfel,
100 g Pumpernickel, 250 ml Schmand,
1 EL Zucker, 1 TL Dijon-Senf, 8 Matjesfilets,
250 g süße Sahne, jodiertes Salz

Seite 41
Würzige Matjes-
happen sind ideale
Appetitanreger

Die Möhren in Scheiben schneiden und in wenig Salzwasser etwa 15 Minuten garziehen lassen. Die Zwiebeln würfeln, die Äpfel schälen, die Kerngehäuse ausstechen, dann in Scheiben schneiden. Den Pumpernickel würfeln. Schmand mit dem Zucker und dem Senf abschmecken. Die Matjesfilets in mundgerechte Stücke schneiden. Mit den Möhren, den Zwiebeln und den Apfelscheiben in die Sahnesauce geben. Die Pumpernickelwürfel unterrühren. Die Sahne unter Zugabe von 1 Msp. Salz steif schlagen, dann unter den Salat heben. Den Salat über Nacht durchziehen lassen.
Beilage: Petersilienkartoffeln

Die Heringe von Haithabu

Die ›Nordlichter‹ haben eine lange Eßkultur. Diese Kultur war zeitweilig schlicht, um nicht zu sagen barbarisch, war aber nichtdestoweniger vorhanden. Zu den ältesten Zeugnissen des Heringsverzehrs haben die Hinterlassenschaften der Wikinger beigetragen. In ihrem Handelszentrum Haithabu, an der Schlei in Schleswig-Holstein, das mittlerweile ganzen Generationen von Archäologen zu Brot und Verdienst verhalf, weil die Ausgrabungen sich so lange hinzogen, wurde der Hering als Restmüll hinterlassen und wiederentdeckt. Schon der arabische Kaufmann Ibrahim At-Tarutschi wußte 900 v. Chr. in einem Bericht, nach einem Besuch in der Hochburg, von dem Heringsverzehr zu berichten. Das ist kulinarische Tradition, der eigentlich ein Ehrenjahr – zum Beispiel ›2 900 Jahre Heringsverzehr‹ – gewidmet werden müßte.

Matjes-Frühlingssalat

*8 Matjesfilets, 1 Salatgurke, 2 Fleischtomaten,
3 Schalotten, 1 Knoblauchzehe, 1 EL Zitronensaft,
250 ml trockener Weißwein, 1 TL Zucker, weißer
Pfeffer, 1 Bund Petersilie, 1 Bund Dill*

Die Matjesfilets in mundgerechte Würfel schneiden. Die
Gurke schälen, der Länge nach halbieren. Die Kerne entfernen und das Fruchtfleisch würfeln. Die Tomaten mit kochendem Wasser überbrühen, mit kaltem Wasser abschrek-
ken, dann häuten. Die Schalotten und die Tomaten fein
würfeln. Die Knoblauchzehe in eine Schüssel auspressen.
Die Matjes-, Gurken-, Tomaten- und Zwiebelwürfel dazugeben und vermischen. Mit dem Zitronensaft, dem Weißwein, dem Zucker und Pfeffer verrühren. Die kleingehackte
Petersilie und den gehackten Dill untermischen.
Beilage: Roggenbrot

Von ›Bandreißern‹

*Was hat wohl ein ›Bandreißer‹ mit dem Hering zu tun? Nein, hier ist kein
›Heringsbändiger‹ gemeint. Auch keiner, der womöglich die Rückengräte entfernt.
Die Antwort ist viel einfacher. In dem kleinen Dorf Hetlingen in der Elbmarsch vor
den Toren der Stadt Hamburg wurden früher von den Einwohnern die Bänder, die
die Heringsfässer umschlossen, ›gerissen‹. Dazu wurde im Winter die Korbweide in
Ruten geschnitten, diese zunächst getrocknet, dann im Laufe des Winters einge-
weicht und halbiert. Diesen Vorgang nennt man Bandreißen. Übrigens: die
Weidenbänder sind noch heute ein Exportschlager. Die skandinavischen Länder
sind die Abnehmer. Bei uns haben sich allerdings eiserne Faßbänder eingebürgert.*

Pikante Senfmatjes

6 EL mittelscharfer Senf, 2 EL süßer Senf, 1 Eigelb,
5 EL Weißweinessig, 50 g saure Sahne, 1 TL Zucker,
5 EL gehackter Dill, 6 EL Diestelöl, 8 Matjesfilets,
3 EL gehackter Schnittlauch.

Die beiden Senfsorten mit dem Eigelb, dem Essig, der Sahne, etwas Zucker und dem Dill in einer Schüssel gut verrühren. Das Diestelöl löffelweise dazugeben und verrühren. Die Matjesfilets in die Sauce geben und mindestens 12 Stunden leicht kühl gestellt darin ziehen lassen. Die Matjes mit den Schnittlauchröllchen bestreut servieren.
Beilage: Geröstetes Grahambrot

Ein Hering für zwei Mann

Gar schreckliches wird über die Bordverpflegung der alten Windjammer-Tage berichtet. Die Klagen der Seeleute nahmen kein Ende. Auch, obwohl oder gerade weil es Hering gab. Über zu wenig Hering bei der Verpflegung wird in einer alten Chronik berichtet. Über das Essen an Bord eines Walfängers im Jahre 1791 heißt es: … Frühmorgens wurde Hafergrütze gespeist, welche mit zerschmolzener Butter so lauter gemacht wurde, als ob Brühe daran gethan wäre. Wenn nun diese halb ausgegessen war, so wurde warmes Bier zugegossen, und dieses geschah alle Wochentage. Sonntags Mittags und Abends, hatten wir gepökelt Rindfleisch mit grauen Erbsen und Buttin (Pudding) mit Syrup.
Früh bekamen wir eine Suppe und 2 Mann einen Hering. Montags und Mittwochs, Freytags und Sonnabends, Mittags und Abends Stockfisch und weiße Erbsen, Dienstags, Mittags und Abends Schweinefleisch mit grauen Erbsen. Donnerstags wie Sonntags ohne Buttin. Butter ward nicht gespart. Die Teller und Schüsseln waren von Holz, eckel durfte man aber nicht seyn, denn bey solcher Kälte dachte gewiß keiner an das Aufwaschen…

Matjes-Trauben-Cocktail

8 Matjesfilets, 1 Zwiebel, je 150 g blaue und helle
Weintrauben, 150 g süße Sahne, jodiertes Salz,
4 EL Preiselbeeren, 2 cl Cognac,
6 EL Salatmayonnaise, weißer Pfeffer, 1/2 Bund Dill

Die Matjesfilets in mundgerechte Stücke schneiden. Die Zwiebel würfeln. Die Weintrauben von den Stielen abzupfen, halbieren, die Kerne entfernen. Die Sahne mit 1 Msp. Salz steif schlagen. Die Preiselbeeren, den Cognac und die Mayonnaise darunterheben. Mit Pfeffer würzen. Die Matjesstücke, Zwiebeln und Weintrauben mit der Sahne vermischen. Den Dill hacken. Den Cocktail in 4 Schälchen anrichten und mit dem Dill bestreut servieren.
Beilagen: Pumpernickel und Butter

Matjes ›Hausfrauenart‹

1 Zwiebel, 2 säuerliche Äpfel, 8 Matjesfilets,
200 g saure Sahne, 150 g Vollmilch-Joghurt,
1 EL Zitronensaft, 1 Msp. Zucker, weißer Pfeffer

Die Zwiebel in Ringe schneiden. Die Äpfel schälen, die Kerngehäuse entfernen, dann in Spalten schneiden. Die Matjes in Stücke teilen. Die saure Sahne, den Joghurt, den Zitronensaft, den Zucker und etwas Pfeffer zu einer Marinade verrühren. Die Matjesfilets mit der Marinade übergießen. Kühl gestellt etwa 3 Stunden ziehen lassen. In der Marinade servieren.
Beilage: junge Pellkartöffelchen

Seite 45
Rahmspinat mit
zarten Fischwürfeln –
ein Genuß
(Rezept Seite 88)

44

Russischer Matjes-Salat

*8 Matjesfilets, 8 Pellkartoffeln, 3 Gewürzgurken,
1 Zwiebel, 50 g eingelegte Seelachsschnitzel,
100 g Salatmayonnaise, 200 g saure Sahne,
1 TL mittelscharfer Senf, 1 TL Zitronensaft,
1 hartgekochtes Ei, 1 TL Kapern*

Die Matjesfilets in mundgerechte Stücke schneiden. Die Kartoffeln pellen und würfeln. Die Gewürzgurken und die Zwiebel fein hacken. Alles mit den Lachsschnitzeln in einer Schüssel vermischen. Die Mayonnaise mit der Sahne verrühren. Mit dem Senf und dem Zitronensaft abschmekken und unter den Salat mischen. Das Ei und die Kapern hacken und über den Salat streuen.
Beilagen: Blini oder Kartoffelpuffer

Tomatenmatjes

*1 Zwiebel, 1/2 Bund Dill, 100 ml Tomatensaft,
schwarzer Pfeffer, 3 EL Tomatenmark,
1 EL Kräuteressig, 2 EL trockener Sherry,
8 Matjesfilets, 1 EL gehackte Petersilie*

Die Zwiebel würfeln, den Dill fein hacken. Beides in eine Schüssel geben und mit dem Tomatensaft, etwas Pfeffer, dem Tomatenmark, dem Essig und dem Sherry gut verrühren. Die Matjes in die Sauce legen und kühl gestellt 8 Stunden darin ziehen lassen. Mit der Petersilie bestreut servieren.
Beilage: Roggenbrötchen

Sahnematjes

1 Porreestange, 2 säuerliche Äpfel, 1 Gewürzgurke,
1 Zwiebel, 1 Möhre, 200 g saure Sahne,
100 g süße Sahne, 2 EL grüne Pfefferkörner,
1 Bund Dill, 8 Matjesfilets

Den Porree in Ringe schneiden. Die Äpfel waschen, die Kerngehäuse ausstechen, dann mit der Gewürzgurke und der Zwiebel würfeln. Die Möhre etwa 10 Minuten in Salzwasser gar kochen, dann würfeln. Die saure und süße Sahne verrühren. 1 EL Pfefferkörner zerdrücken und mit dem gehackten Dill darunterrühren. Die Matjesfilets, das Gemüse und die Sauce in eine Schüssel schichten und über Nacht durchziehen lassen. Mit dem restlichen grünen Pfeffer bestreut servieren.
Beilage: gebutterte Pellkartöffelchen

Zwiebelmatjes

1 Porreestange, 4 EL Essigessenz, 2 EL Zucker,
1/2 TL schwarzer Pfeffer, 2 Lorbeerblätter,
5 Zwiebeln, 8 Matjesfilets

Den Porree in dünne Ringe schneiden. Essigessenz, 250 ml Wasser, den Zucker, den Pfeffer und die Lorbeerblätter in einem Topf zusammen aufkochen, dann erkalten lassen. Die Porreeringe und die in Scheiben geschnittenen Zwiebeln mit dem Matjes in den Sud geben. Leicht kühl gestellt etwa 8 Stunden ziehen lassen. Die Matjes aus dem Sud nehmen und mit den Zwiebelringen garniert servieren.
Beilage: Laugenstangen

Die Opern-Inspiration

Wissenschaftler der verschiedensten Fachrichtungen untersuchen heutzutage nahezu alle mehr oder minder bedeutenden Dinge. Noch nicht untersucht wurde, ob die Entstehung der Oper ›Rienzi‹ von Richard Wagner nicht eventuell durch den Verzehr von Heringen inspiriert wurde. Wagner schrieb in seiner Autobiographie ›Mein Leben‹, daß die ersten Erfolge, damals in Dresden, als auch ›Rienzi‹ aufgeführt wurde, auftraten, als er sich von seiner Frau Minna häufig eingelegte Heringe mit Pellkartoffeln servieren ließ.

Dänische Sherry-Matjes

250 ml Rotweinessig, 80 g Zucker, 1 TL Chilisauce,
1/2 TL geriebener Meerrettich,
1/2 TL geriebene Ingwerknolle, 1 Möhre,
4 Zwiebeln, 1 TL Sauerbraten-Würzmischung,
125 ml trockener Sherry, 8 Matjesfilets

Den Weinessig, den Zucker und die Chilisauce in einem Topf erhitzen. Den Meerrettich, den Ingwer und die geschnittene Möhre dazugeben. Die Zwiebel vierteln, mit der Gewürzmischung aufkochen, dann abkühlen lassen. Danach den Sherry dazugeben. Die Matjesfilets in Stücke schneiden. Den Kochsud durch ein Sieb in eine Schüssel gießen. Die Matjesstücke in die Marinade geben und etwa 2 Tage kühl gestellt durchziehen lassen.
Beilagen: Dreikorntoast mit Butter

Würzige Matjes-Happen

8 Matjesfilets, 2 Zwiebeln, 250 ml trockener Sherry,
1 Lorbeerblatt, 1 EL Senfkörner, schwarzer Pfeffer,
1 TL gemahlener Piment, 1 TL Worcestersauce

Die Matjesfilets in mundgerechte Stücke schneiden. Die Zwiebeln in Ringe schneiden. Den Sherry, das Lorbeerblatt, die Senfkörner, etwas Pfeffer, den Piment und die Worcestersauce in einer Schüssel verrühren. Die Matjesfilets und die Zwiebelringe hineinlegen. Kühl gestellt etwa 24 Stunden durchziehen lassen.
Beilage: Ofenkartoffeln

Seite 49
Fisch und Teigwaren ergänzen sich gut, der zarte Fischgeschmack wird betont

Nudeln
machen
glücklich

Rotwein-Matjes-Happen

8 Matjesfilets, 250 ml Rotwein, 60 ml Rotweinessig,
1 EL Zucker, 2 Zwiebeln, 4 Gewürznelken,
1 TL schwarze Pfefferkörner, 2 Wacholderbeeren

Die Matjesfilets in mundgerechte Stücke schneiden. Den Rotwein mit dem Essig, dem Zucker, den in Scheiben geschnittenen Zwiebeln, den Nelken, den Pfefferkörnern und den Wacholderbeeren in einem Topf aufkochen, dann abkühlen lassen. Den Sud in eine Schüssel gießen und die Matjes darin zugedeckt und leicht kühl gestellt etwa 3 Tage ziehen lassen. Danach aus der Marinade nehmen und trockengetupft servieren.
Beilagen: kerniges Landbrot und Butter

Dill-Matjes

375 ml Rotweinessig, 150 g Zucker, 2 Lorbeerblätter,
8 Matjesfilets, 2 Zwiebeln, 6 EL gehackter Dill

Den Essig mit dem Zucker und den Lorbeerblättern aufkochen, dann erkalten lassen. Die Matjesfilets abspülen und trockentupfen. Die Zwiebeln in Scheiben schneiden. Die Matjesfilets und die Zwiebelscheiben mit dem gehackten Dill in eine Schüssel geben. Mit der kalten Marinade übergießen.
Kühl gestellt etwa 2 Tage durchziehen lassen.
Beilagen: Laugenstangen und Butter

Marinierte Matjesfilets

8 Matjesfilets, 500 ml schwarzer Tee,
250 ml trockener Rotwein, 60 ml Rotweinessig,
3 EL brauner Kandis, 2 Zwiebeln, 1 Zitrone,
8 Gewürznelken, 1 Lorbeerblatt, 2 cl Aquavit,
1 Bund Dill

Die Matjesfilets in dem Tee etwa 20 Minuten einlegen. Den Rotwein, den Essig und den Zucker mit den in Scheiben geschnittenen Zwiebeln und der in achtel geschnittenen Zitrone, den Gewürznelken und dem Lorbeerblatt aufkochen, dann abkühlen lassen. Die Matjes aus dem Tee nehmen, abtropfen lassen und zu Röllchen formen. Dann in eine Schüssel stellen. Die Marinade und den Aquavit darübergießen. Die Röllchen mit Dill belegen und kühl gestellt etwa 3 Stunden ziehen lassen. Danach den Dill entfernen und die Matjes in der Marinade servieren.
Beilagen: Würzreis und Salat

Grüne Heringe

Wenn sie auch als ›grün‹ bezeichnet werden, was sie ja farblich nicht sind, ist unter dem Begriff der rohe, naturbelassene Fisch zu verstehen. Es handelt sich dabei sozusagen um den ›Ur-Hering‹, aus dem alle anderen Heringsprodukte entstehen. Gleich ob Matjes, Bückling oder Salzhering. Beim Kauf sollte auf die Kiemenfarbe, die rosa bis hellrot sein muß, geachtet werden. Sind die Kiemen dunkelrot, lassen Sie den Fisch gleich beim Fischverkäufer, denn er ist alt.

Zu den bekanntesten Zubereitungsarten gehört der gebratene Hering, der auch, in einem Sud eingelegt, gern gegessen wird. Vor dem Verzehr muß der Hering ausgenommen und geköpft werden. Daß er gereinigt und gewaschen wird, ist selbstverständlich. Soll der Hering gebraten werden, muß er immer trocken getupft werden, bevor er in die Pfanne kommt, damit es durch verdunstendes Wasser keine heftigen Spritzer gibt.

Gleich in welcher Zubereitungsart, ob gebraten oder gebacken, ja, sogar gekocht, der grüne Hering ist ein Klassiker, der auch Genießer mit seinem feinen Geschmack begeistert.

Gebratene grüne Heringe

8 grüne Heringe, 2 EL Mehl,
jodiertes Salz,
weißer Pfeffer, 4 EL Butterschmalz,
4 Zitronenscheiben

Seite 53
Vorzüglich zu
kräftigem Bier:
Bratheringshappen

Die küchenfertigen Heringe mit dem Mehl bestäuben und mit Salz und Pfeffer bestreuen. Das Butterschmalz in einer Pfanne erhitzen. Die Heringe darin je Seite 3-4 Minuten braten. Mit den Zitronenscheiben belegt servieren.

52

Gebratene Würzheringe

8 grüne Heringe, jodiertes Salz,
schwarzer Pfeffer, 2 EL Mehl,
3 EL Butterschmalz, 250 ml Kräuteressig,
4 Zwiebeln, 1 Chilischote,
2 Lorbeerblätter, 1 Msp. Wacholderbeeren,
2 Gewürznelken,
1 EL Senfkörner, 2 EL Zucker

Die küchenfertigen Heringe innen und außen salzen und pfeffern, dann in dem Mehl wenden. Das Butterschmalz in einer Pfanne erhitzen und die Heringe darin je Seite 4-5 Minuten goldbraun braten.

Aus der Pfanne nehmen und abtropfen lassen. Dann in eine Schüssel legen. Aus dem Essig, 250 ml Wasser und den in Scheiben geschnittenen Zwiebeln sowie den Gewürzen einen Sud kochen. Diesen abkühlen lassen. Danach über die Heringe geben. 2-3 Tage kühlgestellt durchziehen lassen.

Beilagen: Bratkartoffeln und frischer Salat

Die Hanse und der Hering

Was wären die Hansestädte ohne den Hering? Wahrscheinlich wären sie in einer Bedeutungslosigkeit verblieben, denn erst der Hering machte die Städte reich und mächtig. Die Skandinavier, insbesondere die Dänen, wurden durch den Hering, den sie vor ihren Küsten fingen, wohlhabend.

Da kamen die pfiffigen Hanseaten auf die Idee, das Transportmonopol an sich zu reißen und so an jedem verkauften Hering mit zu verdienen. Da im Zuge der Ent-

wicklung auch das Salz, unentbehrlich für die Haltbarmachung der Heringe vor dem Transport, durch den Anschluß der Salzstadt Lüneburg in hanseatische Hände kam, verdienten die wackeren Kaufleute gleich doppelt.

Die Macht der Hansestädte wuchs ständig. Ihr Einfluß weitete sich kontinuierlich aus, bis die Handelsherren im Norden unseres Landes mehr Macht vor Ort besaßen, als der Kaiser des Heiligen Römischen Reiches Deutscher Nation.

Die Handelsmacht führte zu einer Städteentwicklung, wie sie ohne den unscheinbaren Hering nie möglich gewesen wäre. So gebührte eigentlich auch dem Hering in manchem Stadtwappen ein Ehrenplatz…

Gefüllte Bratheringe

8 grüne Heringe, 1 TL Zitronensaft,
2 säuerliche Äpfel, 2 Zwiebeln,
6 EL Butterschmalz,
jodiertes Salz, schwarzer Pfeffer.
2 EL Mehl,
4 EL Butterschmalz.

Die küchenfertigen Heringe innen und außen mit dem Zitronensaft beträufeln und etwa 15 Minuten ziehen lassen. Die Äpfel schälen, die Kerngehäuse entfernen, dann würfeln. Die Zwiebeln hacken und beides in 2 EL heißem Butterschmalz in einer Pfanne kurz anbraten. Mit etwas Salz und Pfeffer bestreuen. Die Heringe mit der Masse füllen und mit Holzspießchen zustecken. Dann in dem Mehl wenden und einer Pfanne in dem restlichen Butterschmalz je Seite etwa 4 Minuten braten.
Beilage: Kartoffelsalat

Saure Bratheringe

Je 1/2 Bund Petersilie, Dill und Salbei.
4 grüne Heringe, 2 Knoblauchzehen, 4 Nelken,
1 EL Mehl, 3 EL Butter, 1 Zwiebel, 1 Möhre,
1 TL Zitronensaft, 125 ml Weißweinessig,
4 EL Zucker, 1/2 TL weißer Pfeffer, jodiertes Salz,
1 EL mittelscharfer Senf, 1 EL Senfkörner, 1 Lorbeerblatt

Die Kräuter fein hacken. Die Knoblauchzehen halbieren. Die küchenfertigen Heringe mit den Kräutern, den Knoblauchzehen und den Nelken füllen. Mit etwas Mehl bestäuben. Die Heringe in der heißen Butter in etwa 5 Minuten je Seite braun braten. Die Zwiebeln und die Möhren in dünne Scheiben schneiden. Aus dem Zitronensaft, dem Essig, Zucker, Pfeffer, Salz, dem Senf, den Senfkörnern und dem zerbröselten Lorbeerblatt in einer Schüssel eine Marinade rühren. Die Zwiebel- und Möhrenscheiben über die Heringe in der Schüssel streuen. Die Marinade darübergießen. Vor dem Verzehr etwa 12 Stunden durchziehen lassen.

Seite 57
Saure Bratheringe
selbst gemacht

Beilage: Petersilien- oder Bratkartoffeln

Strandfang

Die Heringe kommen in großen Schwärmen (bis zu 150 Kilometer lang) hin und wieder bis in die Nähe der Nordseestrände. So wurden zum Beispiel in dem Kurbad Büsum in den Jahren 1917 und 1936 ›jede Menge‹ Heringe direkt vom Strand aus gefischt. Die Fischberge waren so gewaltig, daß die Fischer Mühe hatten, den Fang überhaupt zu verarbeiten. Der Fischreichtum ist auf die große Fruchtbarkeit der kleinen Fische zurückzuführen. Ein weiblicher Hering legt immerhin bis zu 70 000 Eier.

Bratheringe mit Speck

*8 grüne Heringe, 1 TL Zitronensaft, jodiertes Salz,
weißer Pfeffer, 150 g fetter Räucherspeck, 2 Zwiebeln,
je 1/2 Bund Dill und Petersilie*

Die küchenfertigen Heringe innen mit Zitronensaft beträufeln, etwa 15 Minuten ziehen lassen. Danach mit Salz und
Pfeffer einreiben. Den Räucherspeck in dünne Scheiben
schneiden. In einer Pfanne braten lassen, dann herausneh-
men und beiseite stellen. Die Heringe in dem Speckfett je
Seite 4-5 Minuten braten. Die Zwiebeln würfeln, zwischen
die Fische streuen und goldbraun mitbraten. Die fertig ge-
bratenen Heringe auf vorgewärmten Tellern anrichten und
warm stellen. Die Speckstreifen in die Pfanne geben, erhitzen und zusammen mit dem Bratfett und den Zwiebel-
würfeln über die Heringe geben. Mit Dill und Petersilie
garniert servieren.
Beilagen: Petersilienkartoffeln und Grüner Salat

Von ›Heringshauern‹

*Nein, geschlagen wurden die Heringe nicht von den ›Heringshauern‹ der Ostsee-
küste! Schauen wir doch einmal, wie die ›Hauer‹ mit ihrer Tätigkeit im vergange-
nen Jahrhundert beschrieben wurden:*
*›Gewöhnlich sitzen in jedem dieser Fahrzeuge (gemeint sind Boote) zwei Leute,
einer vorn, einer hinten, mit dem Gesicht einander zugekehrt, manchmal sitzt
auch noch ein Dritter in der Mitte. Alle diese Leute fechten mit den Armen in der
Luft herum wie optische Telegraphen, als gelte es, die Sonne vom Himmel herun-
ter zu gestikulieren. Von weitem sieht man die Schnur nicht, die sie in den Händen*

haben, und wer nicht weiß, was die Leute da treiben, der mag sich wohl verwundern, wie sie den ganzen Tag dasitzen mögen und abwechselnd die Arme, erst den einen, dann den anderen, zum Himmel heben und wieder sinken lassen. Es gehört Ausdauer und Gewohnheit dazu. Zuweilen sieht man, wie einer das Herumfechten plötzlich unterbricht, sich nach einer Seite neigt und etwas Silberblinkendes über Bord holt. Es ist das ein zappelnder Hering‹.

Die Fänge an der Ostseeküste waren bis in die zwanziger Jahre unseres Jahrhunderts oft so gewaltig, daß an einem Tag bis zu 20 000 (!) Zentner gefischt wurden. Ein großer Eimer voll Heringe konnte für einen Groschen erworben werden.

Senfheringe

4 große grüne Heringe, jodiertes Salz,
3 TL Dijon-Senf,
1 TL Koriander, Zucker, 200 g Bacon,
3 EL Butterschmalz, 3 EL Butter,
1 TL abgeriebene Zitronenschale,
2 EL gehackte Petersilie.

Die küchenfertigen Heringe an der Mittelgräte auseinanderbrechen. Die Heringe auf der Innenseite mit etwas Salz bestreuen, mit dem Senf bestreichen und mit dem Koriander und etwas Zucker würzen. Dann wieder zusammenklappen und mit den Baconscheiben umwickeln. Das Butterschmalz in einer Pfanne erhitzen. Die Heringe bei mittlerer Hitze je Seite etwa 4-5 Minuten braten. Danach auf einer vorgewärmten Platte anrichten. Das Bratfett abgießen und die Butter in der Pfanne schmelzen lassen. Die Heringe damit übergießen und mit der Zitronenschale und der Petersilie bestreut servieren.
Beilage: junge Kartoffeln

Feines Heringsragout

8 grüne Heringe, jodiertes Salz,
300 g gegarte Pellkartoffeln, 7 EL Butter,
2 Zwiebeln, 200 ml trockener Weißwein,
120 g süße Sahne, 120 g Nordsee-Krabbenfleisch,
1 Eigelb, 80 g Crème fraîche, weißer Pfeffer

Die küchenfertigen Heringe in grobe Stücke schneiden und leicht salzen. Die Kartoffeln pellen und in Scheiben schneiden. Die Butter in einer Pfanne leicht erhitzen und die Zwiebelwürfel darin glasig dünsten. Die Heringsstücke dazugeben und leicht anbräunen, Weißwein und die Sahne dazugeben. Etwa 5 Minuten bei geringer Hitze ziehen lassen. Das Krabbenfleisch dazugeben. Das Eigelb mit der Crème fraîche verrühren und mit in die Pfanne geben, nicht mehr kochen lassen. Mit Salz und Pfeffer abschmecken. Beilage: frischer Salat der Saison

Die Miete wurde mit Heringen bezahlt

Wie bedeutend die Heringsfänge früherer Zeiten auch für das Wirtschaftsleben waren, zeigt sich anhand der Tatsache, daß es früher sogar eine Art ›Heringswährung‹ gab. Etwa so, wie nach dem Zweiten Weltkrieg auf dem Schwarzmarkt, als der Wert verschiedener Dinge durch eine ›Zigarettenwährung‹ bestimmt wurde. Es ist überliefert, daß die Kaufleute aus dem französischen Boulogne den Champagner, den sie nach England weiterverkauften, zur Zufriedenheit aller mit Heringen bezahlten. Sogar als Mietzins diente die Heringswährung: Der Graf Matthias von Boulogne bezahlte 10 000 Heringe per anno als Pachtzins an das Kloster St. Jobst für die Überlassung eines Grundstückes. Der Hering wurde für die Stadt Boulogne sogar so bedeutend, daß der Rat dem Hering eine besondere Ehrung zuteil werden ließ: Er wurde den Heiligen der Kirche nahezu gleichgestellt und sogar offiziell ›Saint Harene‹ genannt.

Gebratene Heringe
exotisch:
mit Mangosahne

Der Salzhering

Die Zeiten, in denen die gefangenen Heringe gleich an Bord der Fangschiffe in Salz eingelegt wurden, sind lange vorbei. Heute werden sie, meist angefrostet, angelandet, gekühlt und in milde Salzlake eingelegt. Im Laufe der Zeit hat sich das milde Salzen durchgesetzt. Dadurch müssen die Heringe nicht mehr so lange wie früher gewässert werden. Unter der Bezeichnung ›Tafelmilde Heringe‹ sind sogar Salzheringe im Handel, die gar nicht mehr gewässert werden müssen. Zum Salzen wird nur normales Kochsalz verwendet, außer bei den Produkten, die unter der Sammelbezeichnung ›nordische Art‹ im Handel sind. Diesen Heringen wurde auch noch Zucker zugegeben, was der natürlichen Reifung entgegenkommt. Wir Deutschen sind ›Weltmeister‹ im Verzehr von Salzheringen. Immerhin werden bei uns zwischen 80 000 und 90 000 Tonnen im Jahr verzehrt. Je nach Salzungsgrad sollten die Salzheringe vor dem Verzehr gewässert werden. Dazu werden sie entweder in Leitungswasser oder aber in Mineralwasser, Buttermilch oder Vollmilch eingelegt.

Mecklenburger Salzheringe

4 Salzheringe, 3 EL Sahnequark,
100 ml Buttermilch, 1 Zwiebel, 2 EL Weißweinessig,
1 Msp. getrockneter Thymian, Zucker,
1 Msp. gemahlene Muskatnuß, weißer Pfeffer,
1 EL gehackte Petersilie

Von den Salzheringen die Haut abziehen. Dann vorsichtig filetieren. Die Filets etwa 12 Stunden in Wasser einlegen, das Wasser einmal wechseln. Danach gut abtropfen lassen. Den Quark mit der Buttermilch, der geriebenen Zwiebel und dem Essig verrühren. Mit dem Thymian, etwas Zukker, gemahlene Muskatnuß und etwas Pfeffer würzen. Den Quark über die Filets gießen. Mit der Petersilie bestreut servieren.

Beilagen: Pellkartoffeln und Salat der Saison

Heringe in Speckstippe

2 Zwiebeln,
125 ml Weißweinessig,
1 TL gemahlene Wacholderbeeren,
1/2 TL Senfkörner,
5 Pimentkörner,
4 Salzheringe,
200 g durchwachsener Räucherspeck,
2 EL Butter

Die Zwiebeln in Ringe schneiden. 250 ml Wasser erhitzen. Die Zwiebelringe, den Essig und alle Gewürze hineingeben, aufkochen, dann abkühlen lassen. Die küchenfertigen Heringe mit den Zwiebelringen in eine Schüssel legen. Die erkaltete Marinade darübergießen und etwa 24 Stunden ziehen lassen. Den Speck in kleine Würfel schneiden, danach in einer Pfanne mit der Butter auslassen. Die Heringe mit dem Speck und dem Bratfett übergossen servieren.

Beilage: Pellkartoffeln

Rostocker Heringshappen

4 Salzheringe, 1 säuerlicher Apfel, 1 Gewürzgurke,
1 Zwiebel, 4 EL Salatmayonnaise,
200 g saure Sahne, 1 EL geriebener Meerrettich,
1 EL Zitronensaft, weißer Pfeffer

Seite 65
Würzige Heringe mit
frischen Kartoffeln,
dazu Dillsahne – ein
Genuß

Die küchenfertigen Heringe in mundgerechte Stücke schneiden. Den Apfel schälen, das Kerngehäuse entfernen, dann fein hacken. Die Gurke und die Zwiebel würfeln. Die Mayonnaise mit der Sahne, dem Meerrettich, dem Zitronensaft und etwas Pfeffer abschmecken. Die Heringshappen, die Apfelstücke, die Gurken- und Zwiebelwürfel mit der Sauce gut vermischen und gekühlt servieren.
Beilage: kerniges Landbrot oder Pellkartoffeln

Goethes Würdigung

Unser allseits beliebter und großer Dichterfürst Goethe, aus dessen oftmals ungelesenen Werken zitiert wird, weil‹s so ungemein schmückt und Bildung vortäuscht, war delikaten Speisen und Getränken wahrlich nicht abgeneigt. Dem Hering allerdings widmete er kein Gedicht. Nur einmal kam er kurz auf das silberne Fischlein zu sprechen, und zwar in seinem Sinngedicht ›Frisches Ei, gutes Ei‹. Darin heißt es: ›Enthusiasmus vergleich ich gern, Der Auster, meine lieben Herrn, Die, wenn ihr sie nicht frisch genosst, Wahrhaftig ist eine schlechte Kost. Begeisterung ist keine Heringsware, Die man eingepökelt auf einige Jahre.‹
Abgesehen davon, daß Goethe damit die Haltbarkeit der Salzheringe indirekt pries, läßt sich eine gewisse Geringschätzung nicht verhehlen. Lag es an den langen Transportwegen der Heringsfässer nach Weimar, oder eher an einem ›Heringsbändiger‹, der alte Ware zu verscherbeln suchte? Genau wissen werden wir es wohl nie.

Pikanter Heringssalat

4 Salzheringe, 350 g eingelegte Rote Bete,
1 säuerlicher Apfel, 1 Zwiebel,
2 Gewürzgurken,
100 g gegarter Schweinebraten in Scheiben,
2 EL Salatmayonnaise, 80 g süße Sahne,
2 EL Himbeersaft, jodiertes Salz,
weißer Pfeffer

Die küchenfertigen Heringe in mundgerechte Stücke schneiden. Die Roten Bete abtropfen lassen und würfeln. Den Apfel vierteln, entkernen und in Spalten schneiden. Die Zwiebel, die Gurke und den Braten würfeln. Die Mayonnaise mit der Sahne und dem Himbeersaft verrühren. Die Heringsstücke, die Roten Bete, die Apfelspalten, die Zwiebel- und Gurkenwürfel unter die Sauce mischen. Den Salat etwa 12 Stunden durchziehen lassen. Mit Salz und Pfeffer abgeschmeckt servieren.
Beilage: getoastetes Kastenweißbrot

Der Hering vor dem Fenster

Der Berliner Erzähler Zille, durch seine pointierten Beschreibungen des Berliner Hinterhof-›Miljöhs‹ bekannt geworden, verspeiste Heringe in jeglicher Zubereitungsart oft und gern. Aus seiner Zeit stammt auch die kleine Heringsgeschichte direkt aus dem ›Miljöh‹: Ein armer Flickschuster hatte eine kranke Frau. Der untersuchende Arzt verordnete ihr eine Kur an der gesunden und salzhaltigen Meeresluft, die der Schuster ›mangels Masse‹ aber nicht zahlen konnte. Dann kam ihm die Erleuchtung: Ick hänge drei Salzheringe vor dat Fenster, und wenn die Luft reinzieht, hat se die salzige Seeluft. – Ob es wirkte, ist nicht überliefert.

Heringsfilets
mit Kaviarsauce

8 Salzheringe, 3 Zwiebeln,
3 säuerliche Äpfel, 250 g saure Sahne,
150 g Vollmilch-Joghurt,
30 g Forellenkaviar, 1 EL gehackter Dill,
weißer Pfeffer

Die küchenfertigen Heringe in drei Teile schneiden. Die Zwiebeln in dünne Ringe schneiden. Die Äpfel schälen, die Kerngehäuse entfernen und in Spalten schneiden. Abwechselnd die Heringsstücke, die Zwiebelscheiben und die Apfelspalten in eine Schüssel schichten. Die Sahne, den Joghurt, den Kaviar und den Dill vermischen, mit etwas Pfeffer würzen, dann in die Schüssel gießen. Etwa 24 Stunden durchziehen lassen.
Beilagen: Pellkartoffeln und Salat

Die Heringsbändiger

Heute unverständlich ist die oft liebevoll-abwertende Art, mit der die Salzheringe und jene, die damit umgingen, im Volksmund betitelt wurden. Die Kaufleute, die die Heringe direkt aus großen hölzernen Tonnen verkauften, wurden ›Heringsbändiger‹ genannt. Den Hering selber bezeichneten manche als ›Schusterforelle‹ oder ›Schneiderkarpfen‹. Allgemein galt der Hering in früheren Zeiten, wahrscheinlich aufgrund der angelandeten Mengen und der niedrigen Preise, auch als ›Arme-Leute-Essen‹. Er wurde auch als Brot oder Kartoffel der Armen angesehen. Welche Genüsse den Wohlhabenden entgingen, werden die meisten nicht mehr erfahren haben.

Sherry-Hering

4 Salzheringe, 2 EL Olivenöl,
3 EL Tomatenpüree,
1 EL Zucker, 5 EL trockener Sherry,
1 TL grüner Pfeffer, 1 große Zwiebel

Die küchenfertigen Heringe schräg in Stücke schneiden und in eine Schüssel geben. Das Öl mit dem Tomatenpüree verrühren. Den Zucker in dem Sherry auflösen und dazugeben, alles gut vermischen. Mit dem grünen Pfeffer abschmecken. Etwa 24 Stunden kühl gestellt ziehen lassen. Mit möglichst dünn geschnittenen Zwiebelringen belegt servieren.
Beilagen: Schwarzbrot und Butter

Der Bückling

Bücklinge sind goldgelb geräucherte grüne Heringe, die bis zu 12 Stunden in einer Salzlake gezogen haben. Danach läßt man sie leicht abtropfen und antrocknen, bevor sie im Räucherofen in etwa 90 Minuten zu dem werden, was sie so beliebt macht, den herrlich duftenden Räucherfischen. Um an das Beste zu gelangen, muß die Haut abgezogen und das Fleisch filetiert werden. Danach steht dem ungetrübten Schlemmen nichts mehr im Wege. Übrigens, noch ofenwarm schmeckt der Bückling besonders gut. Ob ›gefüllt‹, also mit Rogen oder Milch, oder gänzlich ohne, nur als Filet, ein Gedicht, für das eigentlich keine Beilagen benötigt werden.

Bückling mit Rührei

4 Bücklinge, 6 Eier, 4 Tomaten, 100 ml Vollmilch,
jodiertes Salz, weißer Pfeffer,
2 EL Mineralwasser mit Kohlensäure,
2 EL gehackter Schnittlauch, 3 EL Butter

Die Bücklinge enthäuten, filetieren und mit einer Gabel in grobe Stücke zerpflücken. Die Tomaten achteln. Die Eier mit der Milch, etwas Salz und Pfeffer und dem Mineralwasser verquirlen. Den Schnittlauch darunterrühren. Die Butter in einer Pfanne erhitzen. Die Eimasse hineingeben und leicht stocken lassen. Dann sofort die Tomatenachtel und Bücklingsstücke einstreuen und das Rührei fertig stocken lassen.
Beilagen: Bratkartoffeln und Salat der Saison

Apfel-Bückling-Salat

*100 ml Apfelessig, 50 g brauner Zucker, 1 Lorbeerblatt,
2 Gewürznelken, 1/2 TL gemahlener Piment,
1 Stange Sellerie, 4 Frühlingszwiebeln, 150 g Möhren,
4 Bücklinge, 1 grünschaliger Apfel, 1 rotschaliger Apfel*

Den Essig mit 100 ml Wasser, dem Zucker und den Gewürzen aufkochen, dann erkalten lassen. Durch ein Sieb in eine Schüssel gießen. Den Sellerie, die Frühlingszwiebeln und die Möhren in feine Stücke schneiden. Die Bücklinge enthäuten, filetieren und in mundgerechte Stücke zerzupfen. Diese mit dem Gemüse vermischen. Mit der Marinade übergießen. Etwa 1 Stunde ziehen lassen. Die Äpfel entkernen und in dünne Spalten schneiden. Den Salat damit garnieren.
Beilage: frisches Bauernbrot

Kieler Bücklingstatar

*8 Bücklingsfilets, 4 Essiggurken, 2 grüne Paprikaschoten,
4 säuerliche Äpfel, 2 EL Zitronensaft, 4 Eigelb,
1 TL Worcestersauce, 2 EL trockener Sherry, weißer Pfeffer*

Die Filets, die Gurken und die Paprikaschoten fein würfeln. Mit dem Zitronensaft beträufeln und portionsweise auf Tellern anrichten. Auf die Bücklingswürfel je ein Eigelb setzen. Die Worcestersauce mit dem Sherry und Pfeffer vermengen, die Sauce über das Tatar träufeln.
Beilage: Buttertoast oder Schwarzbrot

Seite 71
Hering & Co.–
geräuchert eine
Delikatesse

Bunter Bücklingssalat

*4 Bücklinge, 1 Zwiebel, 2 Gewürzgurken,
2 EL eingelegte rote Paprika in Streifen,
2 EL gehackte Petersilie, 1/4 Friséesalat,
4 EL Weißweinessig, 6 EL saure Sahne, jodiertes Salz,
Tabasco, 1 EL schwarzer Kaviar*

Die Bücklinge enthäuten und in Stücke schneiden. Die Zwiebel schälen und fein hacken. Die Gurken würfeln und mit den Paprikaschoten und der Petersilie unter die Bücklingsstücke in einer Salatschüssel mischen. Den Friséesalat zerpflücken und in die Schüssel geben. Essig mit der sauren Sahne, Salz , 2-3 Tropfen Tabasco (vorsichtig dosieren!) verrühren, dann über den Salat gießen. Den Bücklingssalat mit einigen Kaviartupfern garniert servieren. Beilagen: Vollkorntoast und Butter

Bücklings-Toast

*4 Scheiben Mehrkorn-Toastbrot,
4 EL Butter, 8 Bücklingsfilets,
100 g Roquefort, 4 Radieschen*

Die Brotscheiben mit der Butter bestreichen. Die Filets darauf verteilen. Den Roquefort mit einer Gabel zerdrük-ken, die weiche Butter daruntermischen und die Käsemasse über die Filets verteilen. Die Toastscheiben im vorgeheizten Backofen 5-8 Minuten bei starker Hitze überbacken, bis der Käse geschmolzen ist. Mit Radieschenscheiben belegt heiß servieren.

Bückling mit Käsepfannkuchen

8 Bücklingsfilets, 3 Eier,
500 ml Vollmilch,
jodiertes Salz, weißer Pfeffer,
250 g Mehl,
100 g geriebener Emmentaler,
3 EL Butterschmalz

Die Bücklinge enthäuten und filetieren. Die Eier mit der Milch, etwas Salz und Pfeffer verquirlen. Das Mehl und den Käse mit dem Schneebesen unterrühren. Etwa 10 Minuten aufquellen lassen. Das Butterschmalz in einer Pfanne erhitzen. Die Hälfte der Pfannkuchenmasse hineingeben und die Bücklingsfilets darauf legen. Die Masse stocken lassen. Den Pfannkuchen auf einen großen Teller gleiten lassen. Die restliche Pfannkuchenmasse in die Pfanne geben und den bereits fertigen Pfannkuchen mit der Bücklingsseite nach unten auf die noch weiche Pfannkuchenmasse geben. Dann fertig braten und heiß servieren.
Beilage: Salat der Saison

angetan wird. Die einen behaupten, der Holländer James Bückling habe das Verfahren eingeführt; die anderen schwören auf Willem Bökel, der strenggenommen Benkelsz hieß und zu Biervliet im seeländischen Flandern 1397 verschied. Kaiser Karl V. stattete dem Grabmal Bökels (das heute noch in alter Frische prangen soll) einen Besuch ab. – Scheren wir uns nicht um den Streit der Gelehrten. Genießen wir lieber, was uns der Bückling bietet. Genuß pur. Übrigens, die kleine Sprotte, als ›Kieler Sprotte‹ in aller Welt bekannt, ist in der Heringsfamilie ein Liliputaner. Die ersten Sprotten-Räuchereien gab es in Eckernförde bereits 1768.

Von Labskaus
und Rollmöpsen

*Zum Abschluß noch Rezepte für Labskaus, das delikate
Vielerlei, und für köstliche Rollmöpse ›Hausmacher-Art‹.
Mit diesen delikaten ›Möpsen‹ können Sie sich selbst, Ihre
Familie oder Freunde verwöhnen. Von der ›kater-
verscheuchenden Wirkung‹ ganz abgesehen.*

Hamburger Labskaus

*500 g Rinderpökelfleisch,
2 Matjes,
30 g Schweinemett, 2 Zwiebeln,
500 g gekochte Salzkartoffeln,
150 g Rote Bete, 1 große Gewürzgurke,
jodiertes Salz, schwarzer Pfeffer.*

Das Pökelfleisch gar kochen. Dann das Fleisch, die Matjes
und die Zwiebeln sehr fein würfeln. Die Zwiebelwürfel mit
dem Mett in einer Pfanne anbraten. Mit dem Fleisch- und
Fischwürfeln unter die zu Mus gestampften Kartoffeln mischen. Die Rote Bete und die Gewürzgurken würfeln und
unter die Kartoffelmasse heben. Alles mit Salz und Pfeffer
abschmecken.
Beilage: ein Spiegelei pro Person

Labskaus ›ganz einfach‹

1000 g gekochte Kartoffeln, 2 Zwiebeln, 2 EL Sojaöl,
1 Dose Cornedbeef (340 g), 150 g eingelegte Rote Bete,
jodiertes Salz, schwarzer Pfeffer, 4 Gewürzgurken,
4 Matjesfilets.

Die Zwiebeln würfeln und in dem Öl goldgelb rösten. Das Cornedbeef dazugeben und anrösten. Die gegarten Kartoffeln zu Mus stampfen. Die Roten Bete fein würfeln. Den Kartoffelmus mit dem Cornedbeef, den Zwiebeln und den Rote Beten vermischen. Mit Salz und Pfeffer abschmecken. Mit den in Streifen geschnittenen Gewürzgurken und den Matjesfilets umlegt servieren.

Zu Unrecht gilt Labskaus als das klassisch-norddeutsche Gericht, wie manche, überwiegend aus den südlichen Regionen unserer Republik, meinen. Es ist eines von vielen Seemannsgerichten und entstammt dem englischen ›lobs couse‹, was frei übersetzt etwa soviel wie ›Tölpel-Gericht‹ bedeutet:
In früheren Zeiten, als die Großsegler noch die Weltmeere befuhren, war frischer Proviant meist schon nach wenigen Wochen Mangelware an Bord. Und so verfielen die Köche, wegen ihres schmuddeligen Habitus auch ›Smutje‹ genannt, auf das Zusammenkochen von oftmals nicht näher definierbaren Zutaten. Böse Zungen behaupten, daß am Ende langer Reisen sogar altes Tauwerk und Leder den Weg in die Töpfe gefunden haben soll... Erst 1878 wird das Gericht in einem deutschen Kochbuch erwähnt, während es mehr als 125 Jahre zuvor in englischen Berichten auftaucht.
Richtig zubereitet ist Labskaus ausgesprochen lecker. Klassischerweise wird das Gericht aus Kartoffeln, Salz- oder Pökelfleisch, Stockfisch, Gurken, Roten Beten, Karotten sowie Pfeffer und Salz zubereitet. Wenn der Stockfisch durch zarte Matjes (es können auch Salzheringe genommen werden) ersetzt wird, erhält die einstmalige Notspeise eine besonders delikate Note.

Rollmöpse ›Hausmacher-Art‹.

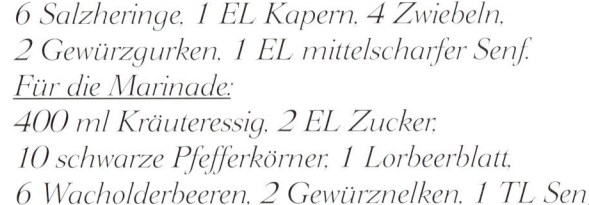

6 Salzheringe. 1 EL Kapern. 4 Zwiebeln.
2 Gewürzgurken. 1 EL mittelscharfer Senf.
Für die Marinade:
400 ml Kräuteressig. 2 EL Zucker.
10 schwarze Pfefferkörner. 1 Lorbeerblatt.
6 Wacholderbeeren. 2 Gewürznelken. 1 TL Senfkörner.

Dazu noch ein Tip:
Ist eine größere Runde angesagt, können die Zutaten verdoppelt oder verdreifacht werden, denn ›Abnehmer‹ finden sich allemal.

Und so wird‹s gemacht: Die Heringe wässern, ausnehmen und sorgfältig filetieren. Die Kapern fein hacken, die Zwiebeln in Scheiben schneiden und die Gurken der Länge nach vierteln, dann auf Filetbreite zuschneiden. Jedes Filet dünn mit etwas Senf bestreichen, mit Kapern bestreuen, mit einigen Zwiebelringen und einem Stück Gurke belegen. Die Filets aufrollen und mit Holzspießchen feststecken. Die Röllchen mit den restlichen Zwiebelringen in ein großes Glas schichten. Den Essig mit 250 ml Wasser und den Gewürzen aufkochen, den Sud abkühlen lassen und über die Röllchen gießen. Das Glas verschließen und die Rollmöpse mindestens vier Tage ziehen lassen.

Seite 77
Rollmops hausgemacht
mit Senf, Kapern,
Zwiebel und Gurke

Schlemmer-Fischspieße

250 g Rotbarschfilet,
8 ausgelöste Riesenscampi,
jodiertes Salz,
weißer Pfeffer, 1 rote Paprikaschote,
1 Zucchini, 1 Knoblauchzehe,
8 EL Öl, 1 EL Sojasauce,
Kräuter der Provence (TK)

Die Rotbarschfilets in mundgerechte Stücke schneiden, Scampi salzen und pfeffern. Paprikaschote und Zucchini putzen und waschen, Paprikaschote halbieren, Kerngehäuse entfernen, in mundgerechte Stücke und Zucchini in Scheiben schneiden. Alles abwechselnd auf Spieße stecken. Knoblauchzehe abziehen, zerdrücken, mit Öl, Sojasauce, Kräutern der Provence und Pfeffer verrühren und die Spieße damit einpinseln. 7 bis 10 Minuten grillen oder in einer Pfanne braten, dabei mehrmals wenden und mit der Ölmischung bepinseln.
Beilagen: Folienkartoffeln und grüner Salat

Seite 79
Schlemmer-Fischspieße
mit Rotbarsch
und Scampi

Dorsch auf Gyros-Art

600 g Dorschfilet, 1 kleine rote Paprika,
1/2 Gemüsezwiebel, 1 Knoblauchzehe, jodiertes Salz,
schwarzer Pfeffer, Currypulver, etwas Zitronensaft,
Gyros-Gewürzpulver, etwa 4 EL Sojaöl.

Das Fischfilet abbrausen, trockentupfen und in dünne Streifen schneiden. Von der Paprikaschote einen Deckel abschneiden, die weißen Trennwände und die Kerne entfernen, dann von innen und außen waschen, abtrocknen und in dünne Ringe schneiden. Die Zwiebel schälen und in dünne Ringe schneiden. Den Knoblauch schälen und durch eine Presse drücken. Die vorbereiteten Gemüse mit den Fischstreifen vorsichtig vermischen und mit Salz, Pfeffer, etwas Curry, Zitronensaft und Gyrosgewürz abschmecken. Das Öl dazugeben und das Fischgyros zugedeckt im Kühlschrank 3 bis 4 Stunden ziehen lassen. Etwas Öl in einer beschichteten Pfanne erhitzen und das Fischgyros darin portionsweise scharf anbraten.
Beilage: Erbsenreis und Salat nach Wahl

Rotbarschschnitte mit Meerrettichkruste

4 Rotbarschschnitten à 150 g, 2 EL Öl,
8 trockene Scheiben Toastbrot, 2 EL Sahne-Meerrettich,
1 Eigelb, 600 g kleine Kartoffeln, 600 g frischer Spinat,
1 kleine Zwiebel, 1 EL Butter, jodiertes Salz,
weißer Pfeffer, Muskat.

Die Kartoffeln schälen und in Salzwasser garen. Den Rotbarsch mit Salz, Pfeffer und Muskat würzen und in Öl kurz von beiden Seiten anbraten. Die Toastscheiben fein reiben (falls sie noch zu weich sind, vorher nochmals kurz antoasten und auskühlen lassen). Das Eigelb, den Meerrettich und das geriebene Toastbrot vermengen und anschließend auf den Lachs streichen. Den Spinat sehr gründlich waschen. Die Zwiebel fein würfeln und in Butter anschwitzen. Den Spinat dazugeben, beides kurz dünsten und anschließend mit Salz, Pfeffer und Muskat abschmecken. Die Fischschnitten bei 200 °C 5 bis 8 Minuten überbacken.
Beilage: Salat der Saison

Kabeljau mit Apfel-Sahne-Haube

2 Kabeljaufilets à 200 g, jodiertes Salz,
1 EL Zitronensaft, 1/4 1 trockener Weißwein,
1 Knoblauchzehe, 2 EL Butter, 1 Becher süße Sahne,
2 Eier getrennt, 3 kleine mildsäuerliche Äpfel,
1 Zwiebel, 150 g roher Schinken,
150 g Nordseekrabben, jodiertes Salz, weißer Pfeffer,
1 TL Paprika edelsüß, 100 g geriebener Emmentaler.

Die Kabeljaufilets waschen, trockentupfen, salzen und in eine Schüssel legen. Mit dem Zitronensaft beträufeln, etwas Weißwein daraufgießen. Zugedeckt etwa 2 Stunden ziehen lassen. Die Knoblauchzehe halbieren, eine ofenfeste Form damit ausreiben, mit der Butter einfetten. Die Kabeljaufilets hineinlegen, den restlichen Wein darauf-

gießen. Nun Sahne und Eiweiß steif schlagen. Die Äpfel schälen, vierteln, entkernen und würfeln, die Zwiebel und den Schinken fein würfeln. Die Apfel-, Zwiebel- und Schinkenwürfel mit den Nordseekrabben, dem Eigelb und dem Käse unter die Sahne heben. Mit Paprika, Salz und Pfeffer abschmecken. Zum Schluß das Eiweiß unterziehen. Die Masse auf den Filets verteilen. Im vorgeheizten Back-ofen bei 225 °C 25 bis 30 Minuten überbacken.
Beilagen: Kartoffelpüree, grüner Salat

Nudel-Lachs-Salat

250 g gegarte Nudeln (Spiralen),
1 Stange Porree, 1 unbehandelte Zitrone,
75 ml Weißwein, 1 Lorbeerblatt, 6 Pfefferkörner,
600 g Lachsfilet, 2 Tomaten,
1 Bund Dill, 3 EL Weißwein-, Essig, weißer Pfeffer,
jodiertes Salz, Zucker, 2 EL Öl.

Porree putzen, waschen, in feine Ringe schneiden und 2 Minuten in Salzwasser blanchieren. Die Zitrone waschen und in Scheiben schneiden. 375 ml Salzwasser, Wein, Lor-beerblatt, Pfefferkörner und Zitronenscheiben zum Kochen bringen. Fisch waschen, in 16 breite Streifen schneiden und im Fond bei schwacher Hitze 3 Minuten ziehen lassen. Tomaten entkernen, in kleine Würfel schneiden und den Dill fein hacken. Essig, Salz, Pfeffer und Zucker verrühren, Öl darunter schlagen. Tomaten und Dill unterheben. Nu-deln mit der Marinade vermengen, etwas durchziehen las-sen und mit den Lachsstreifen servieren.
Beilage: feiner Salat der Saison

Meeresfrüchte-Lasagne

*700 g gemischtes Fischfilet
(z. B. Kabeljau, Rotbarsch, Steinbutt),
300 g Krabben, Saft einer Zitrone,
3 EL gemischte gehackte Kräuter (z. B. Petersilie,
Basilikum, Schnittlauch), weißer Pfeffer,
300 g Frühlingszwiebeln oder junger Lauch,
3 Knoblauchzehen, 3 EL Olivenöl,
400 g Tomaten, jodiertes Salz,
2 Pck. Bechamelsauce (500 ml),
ca. 200 g Lasagne (ohne Vorkochen gebrauchsfertig),
80 g geriebener Parmesan.*

Das Fischfilet und die Krabben kurz kalt abbrausen und trockentupfen. Das Fischfilet in etwa 2 cm große Stücke schneiden. Mit Zitronensaft, Kräutern und Pfeffer marinieren. Die Frühlingszwiebeln oder den Lauch säubern und in Ringe schneiden. Die Knoblauchzehen schälen und fein hacken. Lauch und Knoblauch in heißem Olivenöl 5 Minuten dünsten. Inzwischen die Tomaten mit kochendem Wasser überbrühen, häuten und achteln. Unter den Lauch mischen und mit Salz und Pfeffer abschmecken. Etwas Bechamelsauce in eine rechteckige, feuerfeste Form (2 l Inhalt) geben. Dann in mehreren Schichten abwechselnd Lasagne-Platten, Lauch-Tomaten-Gemüse, Fisch, Krabben und Parmesan einfüllen. Jede Schicht mit Salz und Pfeffer würzen und mit Bechamelsauce begießen. Die obere Schicht sollte aus Sauce und dem restlichen Parmesan bestehen. Im auf 200 °C vorgeheizten Ofen 30 Minuten abgedeckt (z. B. mit Alufolie) und 15 Minuten offen bakken.

Beilage: feiner Salat der Saison

Seite 85
Als Lasagne:
Fisch und Krabben

84

Safrannudelkranz mit Scholle auf Tomatenragout

250 g lange Bandnudeln, 20 St. Muschelnudeln,
12 St. bunte Schleifchennudeln, 1 g Safranpulver,
10 g Butter, 6 Schollenfilets (600 g), 300 g Blattspinat,
600 g sehr reife Tomaten, 10 ml Olivenöl,
10 g Tomatenmark, 1/2 Pck. italienische, Kräuter (TK),
Lorbeerblatt, Gemüsebrühe, 60 ml Wasser,
jodiertes Salz, weißer Pfeffer.
Zum Garnieren:
150 g Cocktailtomaten, 4 schwarze entsteinte Oliven,
100 g Krabben, 1/4 Bund Petersilie.

In etwa 3 1 Salzwasser alle Nudelsorten nacheinander separat nach Packungsanweisung garen. Oliven hacken. Tomaten blanchieren, abschrecken, schälen und würfeln. Spinat blanchieren und vorsichtig ausdrücken. Die Schollenfilets der Länge nach halbieren, mit Salz und Pfeffer würzen, mit Spinat belegen, aufrollen und in Auflaufförmchen setzen. Die Tomatenwürfel in Olivenöl andünsten und das Wasser, Tomatenmark und Lorbeerblatt dazugeben, italienische Kräuter und Gewürze hinzufügen, aufkochen und vom Feuer nehmen. Die Förmchen mit der Scholle im Dampf garen. Alle Nudeln zusammen mit Butter und Safran erwärmen und abschmecken. Die restlichen Zutaten erwärmen. Die Nudeln kranzförmig anrichten, in die Mitte das Tomatenragout füllen, darauf die Schollenröllchen plazieren, mit den Cocktailtomaten, Oliven, Krabben und Petersilie dekorieren.
Beilage: Tomatensalat

Seite 87
Auch mit Scholle
vertragen sich Nudeln
vorzüglich

Rahmspinatsuppe mit Lachswürfeln

500 g Lachsfilet, 2 Limetten, jodiertes Salz,
weißer Pfeffer, 3 Schalotten, 60 g Butter,
500 g Rahmspinat (TK), 500 ml Geflügelbrühe,
3 EL Meerrettich (Glas), 80 g Crème fraîche.

Das Lachsfilet und die abgewaschenen Limetten in kleine Würfel schneiden. Das Filet mit Limettensaft und -schale 10 Minuten marinieren. Mit Salz und Pfeffer würzen. Die Schalotten schälen und fein würfeln. Die Butter in einem Topf erhitzen und die Schalottenwürfel darin glasig dünsten. Den Rahmspinat und die Geflügelbrühe zufügen. Zugedeckt etwa 8 Minuten köcheln (bis der Spinat aufgetaut ist), dabei umrühren. Inzwischen die Lachswürfel mit dem Limettensaft in einem kleinen Topf etwa 3 Minuten dünsten. Die Suppe mit Meerrettich, Salz, Pfeffer und Crème fraîche abschmecken. Auf Suppenteller verteilen und die Lachswürfel hinzufügen.
Beilage: Baguette.

Bandnudeln mit Lachs und Lauch

3 Stangen Lauch, 2 EL Sonnenblumenöl,
200 g Sahne, 400 Bandnudeln, 1 TL Pflanzenöl,
jodiertes Salz, 500 g Lachsfilet, weißer Pfeffer,
1 Bund Dill, 1 TL Butter, 3 EL Mehl, Paprikapulver.

Vom Lauch den dunkelgrünen Teil wegschneiden. Den restlichen Lauch längs halbieren, gründlich waschen, abtropfen lassen und in Stücke entsprechend der Nudellänge schneiden. In einer Pfanne im heißen Öl etwa 5 Minuten dünsten und mit Sahne ablöschen. Den Lauch darin 10 Minuten köcheln lassen. Die Nudeln mit dem Öl in 4 Litern kochendem Salzwasser in 8 bis 10 Minuten bißfest garen, abgießen und gut abtropfen lassen. Die Lachsfilets in wenig Mehl und Paprikapulver wenden und in einer beschichteten Pfanne in Butter anbraten. In Stücke teilen. Mit Pfeffer abschmecken. Die Nudeln und die Lauch-Sahne-Sauce dazugeben und mit fein gehacktem Dill servieren. Beilage: Lauchgemüse

Bandnudeln mit Lachs und Lauch

Spätzlesalat mit Schollenfilet

200 g gelbe Spätzle, 200 g Spinatspätzle,
50 g Lauch, 50 g Karotten, 50 g Sellerie,
480 g Schollenfilet, 150 ml Traubenkernöl,
100 ml Balsamessig, frisches Basilikum,
jodiertes Salz, weißer Pfeffer, 1 Knoblauchzehe.

Die Schollenfilets in schräge Streifen schneiden, mit Salz und Pfeffer würzen und kurz pochieren. Den Sud aufbewahren. Das Gemüse in feine Würfel schneiden und kurz blanchieren. In Eiswasser abschrecken. Aus Traubenkernöl, Balsamessig, Knoblauch, Gewürzen und etwas Fischfond (vom Pochieren) eine Vinaigrette rühren. Die Spätzle kochen, abschütten und gut abtropfen lassen. Die Gemüsewürfel, Fischstreifen und Vinaigrette locker mischen, abschmecken und anrichten. Mit Basilikumstreifen umstreuen. Beilage: eingelegte Gürkchen.

Teriyaki-Lachs

4 Lachssteaks à 125 g,
6 EL Teriyaki-Marinade, Öl zum Bestreichen,
50 g Rettich, 1 kleines Stück frischer Ingwer.

Seite 91
Lachs in Teriyaki-
Marinade, gegrillt

Die Lachssteaks mit der Marinade bestreichen und zugedeckt im Kühlschrank marinieren lassen. Den Rettich reiben, den Ingwer in feine Streifen schneiden, beides vermi-

schen. Die Lachssteaks abtupfen, mit Öl bestreichen und auf dem Grill von jeder Seite etwa 7 Minuten grillen. Zwischendurch hin und wieder mit Marinade bestreichen. Mit Rettich-Ingwer-Häufchen dekoriert servieren.
Beilage: Basmati-Reis

Lachs-Thunfisch-Ragout mit Chinakohl und Reis

30 g frische Ingwerwurzel, 4 EL Essig,
8 TL Zucker, 160 g Reis, jodiertes Salz,
250 g frisches Lachsfilet, 250 g frischer Thunfisch,
8 EL Sojasauce, 800 g Chinakohl, schwarzer Pfeffer.

Den Ingwer schälen und in feine Streifen schneiden. Essig und Zucker in einem kleinen Topf aufkochen, den Ingwer gut zugedeckt darin 10 Minuten dünsten. Im Sud abkühlen lassen. Den Reis in kochendem Salzwasser bißfest garen. Inzwischen Lachs- und Thunfischfilet in mundgerechte Würfel schneiden. Mit etwas Sojasauce beträufeln. Den Chinakohl putzen, waschen und in 2 cm breite Streifen schneiden. Mit etwas Salz und Pfeffer und der restlichen Sojasauce mischen, in einen Dämpfeinsatz geben. Die Fischstücke darauflegen und über Wasserdampf im geschlossenen Topf 10 Minuten dämpfen. Kohl, Fisch, Reis und Ingwer zusammen anrichten.

Seite 93
Lachs-Thunfisch-Ragout
– eine japanische
Spezialität

Seelachs auf Schmorkartoffeln mit Senf-Joghurtsauce

650 g festkochende Kartoffeln, 30 g Butterschmalz,
jodiertes Salz, schwarzer Pfeffer,
1 Bund Frühlingszwiebeln, 125 ml Gemüsebrühe,
200 g Butter, 100 g mittelscharfer Senf,
2 Eigelb, 150 g Sahnejoghurt, 1 Msp. Zucker,
750 g Seelachsfilet, etwas Zitronensaft.

Die Kartoffeln schälen, vierteln und im heißem Butterschmalz langsam von allen Seiten in 10 Minuten goldbraun anbraten. Mit Salz und Pfeffer würzen. Inzwischen die Frühlingszwiebeln putzen, das Weiße in 3 cm lange Stücke schneiden, das Grün in sehr dünne Ringe schneiden und beiseite legen. Die weißen Frühlingszwiebeln untermischen und die heiße Brühe dazugießen. Unter häufigem Wenden 15 Minuten schmoren, bis die Flüssigkeit wieder verdampft ist. Dann in einer Servierform im Backofen warm stellen. Während die Kartoffeln garen, 150 g Butter bei schwacher Hitze schmelzen. Senf und Eigelb unterrühren und langsam erhitzen. Sobald die Mischung dickt, den Joghurt unterrühren und würzen.
Das Seelachsfilet in 5 cm breite Stücke schneiden, mit Salz und Zitronensaft würzen und in der restlichen Butter von jeder Seite 3 Minuten sanft braten. Den Fisch auf die Kartoffeln geben. Mit dem Zwiebelgrün bestreuen. 2 Minuten im Ofen durchziehen lassen und mit der Sauce servieren. Beilage: gemischter Salat

Rezeptverzeichnis

Salzheringe:

Heringe in Speckstippe 63
Heringsfilets mit Kaviarsauce 67
Mecklenburger Salzheringe 62
Pikanter Heringssalat 66
Rostocker Heringshappen 64
Sherry-Hering 68

Bückling:

Apfel-Bückling-Salat 70
Bückling mit Käsepfannkuchen 73
Bückling mit Rührei 69
Bückling-Toast 72
Bunter Bücklingssalat 72
Kieler Bücklingstatar 70

Rollmops und Labskaus:

Hamburger Labskaus 74
Labskaus ›ganz einfach‹ 75
Rollmöpse ›Hausmacher Art‹ 76

Seefisch:

Bandnudeln mit Lachs und Lauch 88
Dorsch auf Gyros-Art 80
Kabeljau mit Apfel-Sahne-Haube 81
Lachs-Thunfisch-Ragout mit Chinakohl
und Reis 92
Meeresfrüchte-Lasagne 84

Nudel-Lachs-Salat 82
Rahmspinatsuppe mit Lachswürfeln 88
Rotbarschschnitte mit Meerrettich-
kruste 80
Safrannudelkranz mit Scholle auf
Tomatenragout 86
Schlemmer-Fischspieße 78
Seelachs auf Schmorkartoffeln mit
Senf-Joghurtsauce 94
Spätzlesalat mit Schollenfilet 90
Teriyaki-Lachs 90

96